Dibujo

CUADERNO DE EJERCICIOS

GUÍA COMPLETA DE DIBUJO

William F. Powell

BLUME

CONTENIDO

PRÓLOGO

**BIENVENIDO A *DIBUJO. CUADERNO DE EJERCICIOS*, DONDE APRENDERÁ
A REALIZAR DESDE EJERCICIOS DE DIBUJO BÁSICOS HASTA OBRAS DE ARTE COMPLETAS.**

Este cuaderno de ejercicios le guiará paso a paso durante el proceso del dibujo. En las páginas siguientes, podrá aplicar directamente en los espacios que se facilitan las técnicas de dibujo explicadas para cada tema. Al igual que sucede con el aprendizaje musical, los niveles de dificultad van de los simples ejercicios de dibujo hasta proyectos avanzados. Una vez que se decante por un tema, podrá recorrer este camino para, así, lograr su objetivo.

«La práctica hace al maestro». Este dicho también vale para el dibujo. Si practica estos ejercicios a diario, comprobará que, al finalizar el libro, sus habilidades de dibujo habrán mejorado de un modo sustancial.

Por último, tenga en cuenta este importante consejo: lo primero y más importante es que escoja temas que le sean afines. Si procede así, le saldrán con toda naturalidad la atención y la paciencia necesarias para trabajar en un dibujo hasta que esté acabado. Puede, por ejemplo, componer bodegones con recuerdos del pasado. En el caso de los paisajes, puede optar por una escena que le evoque una gran cantidad de recuerdos. Aunque no hay nada que pueda sustituir a la práctica, el amor por el tema se percibe en el dibujo terminado. Déjese guiar por sus aficiones, intereses y ambiciones personales a la hora de buscar inspiración.

¡Buena suerte y que disfrute dibujando!

CONCEPTOS FUNDAMENTALES
SOMBREADO

El estudio de las siguientes técnicas básicas con el lápiz le permitirá aprender a representarlo todo, desde el cabello y una tez lisa hasta rasgos sombreados y fondos sencillos. Sin embargo, sea cual sea la técnica que use, no se olvide de sombrear con uniformidad. El sombreado mecánico de lado a lado, de modo que cada trazo termine debajo del último, puede crear bandas de tono no deseadas en toda la zona sombreada. En lugar de hacer esto, procure sombrear con uniformidad, en un movimiento de vaivén sobre la misma zona y variando el punto donde la punta del lápiz cambia de dirección.

Trama Rellene una zona con un entramado de trazos paralelos. Cuanto más cerca estén los trazos entre sí, más oscuro será el tono.

Trama cruzada Si se quiere un sombreado más oscuro, basta con dibujar capas de trazos paralelos unas sobre otras y con distinta inclinación.

Gradación Para crear una gradación de oscuro a claro, trace líneas con el lateral del lápiz ejerciendo al principio mucha presión y reduciéndola conforme avanza.

Sombreado oscuro Si se aplica una fuerte presión en el lápiz, se pueden obtener zonas de sombreado oscuras y lineales.

Sombreado con textura Para rellenar una zona con una textura moteada, emplee un lateral de la punta del lápiz y aplique trazos irregulares.

Difuminado A fin de que se difuminen las transiciones entre trazos, hay que frotar por ellos un difumino o un pañuelo de papel con suavidad.

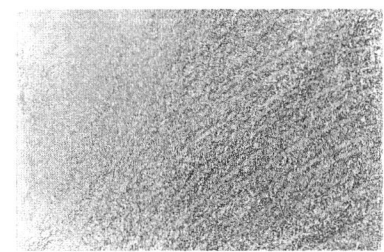

Cuando emplee trazos pictóricos, su dibujo entrará en una nueva dimensión. Piense en su lápiz como un pincel, y deje que el brazo participe más de los trazos. Para lograr este efecto, pruebe a sujetar el lápiz debajo de la mano, sosteniéndolo entre el pulgar y el índice y usando el lateral Si hace girar el lápiz con la mano cada pocos trazos, no tendrá que afilarlo con tanta frecuencia. Cuanto más grande sea la mina, más ancho será el trazo. Cuanto más blanda sea, más pictórico será el efecto que logre. Estos ejemplos se han realizado sobre papel liso con un lápiz 6B, pero puede probar con papeles gruesos para experimentar más con las texturas.

Empezar con sencillez En primer lugar, experimente con trazos verticales, horizontales y curvos. Procure que estén muy juntos y empiece aplicando mucha presión. Después, aplique menos con cada trazo.

Variar la presión Cubra la zona al azar con un tono y variando la presión en diferentes puntos. Siga aplicando trazos sueltos.

Usar trazos más pequeños Practique unos círculos pequeños para realizar el primer ejemplo. Este efecto recuerda a la piel coriácea de un animal. Para el segundo ejemplo (*extremo derecha*), utilice trazos cortos en los que alterne entre mucha y poca presión para crear un patrón que se parezca a la piedra o al ladrillo.

Soltarse Utilice trazos verticales largos variando la presión en cada uno hasta que empiece a ver una hierba crecida (*extremo izquierda*). Después, emplee unos movimientos más sueltos para representar el agua (*izquierda*). Primero, cree con el brazo el movimiento de una pequeña espiral (*superior*). A continuación, realice un movimiento ondular mientras varía la presión (*inferior*).

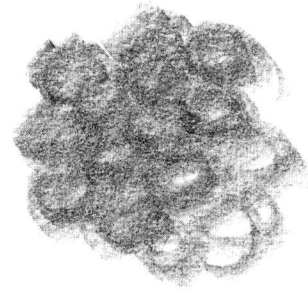

DIBUJAR CON LA PUNTA AFILADA

En primer lugar, dibuje una serie de líneas paralelas. Después, pruebe a hacerlas verticales y, a continuación, inclinadas. Haga algunas curvas y pruebe a dibujar tanto trazos cortos como largos. Luego intente hacer algunas líneas onduladas inclinadas y otras con trazos cortos en vertical. Intente dibujar una espiral y, a continuación, un grupo de líneas cortas curvas. Después, practique a variar el grosor de la línea a medida que dibuje. Las oes, las uves y las úes son algunas de las formas de letras que más se emplean a la hora de dibujar.

DIBUJAR CON LA PUNTA ROMA

L e recomiendo que a continuación realice los mismos ejercicios con una punta roma. Incluso si emplea las mismas posiciones de la mano y los mismos trazos, los resultados serán diferentes cuando cambie de lápiz. Observe los siguientes ejemplos. Aunque se han dibujado las mismas formas con ambos lápices, el lápiz de punta roma ha producido imágenes diferentes. Para lograr una punta plana, basta con frotar los laterales del lápiz en un bloque de lija e incluso en una hoja de papel.

FIGURAS BÁSICAS

La combinación de figuras He aquí un ejemplo de cómo empezar a dibujar con figuras básicas. Comience por bosquejar todas las líneas de acción; después, realice las figuras del perro y del pollito con unos sencillos óvalos, círculos, rectángulos y triángulos.

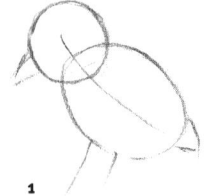

1

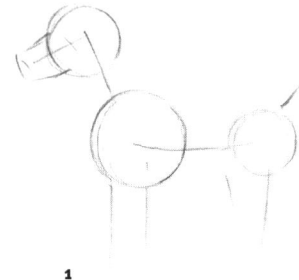

1

La elaboración de formas Una vez que haya establecido las figuras, no le costará hacer las formas con cilindros, esferas y conos. Observe cómo comienzan a adquirir profundidad y volumen.

2

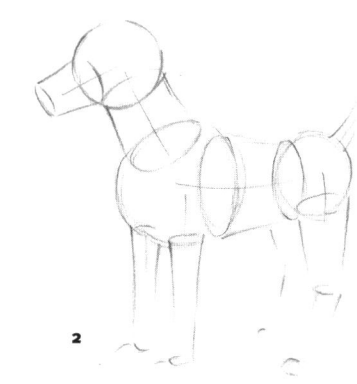

2

El dibujo profundo Con *dibujo profundo* nos referimos al que incluye las formas acabadas y las líneas que al final quedarán ocultas a la vista. En el momento en el que se dibujaron estas formas, ya queda indicada la parte de atrás del perro y del pollito. Aunque esta parte no se perciba en el dibujo terminado, el sujeto debe parecer tridimensional. Para rematar el dibujo, basta con refinar los contornos y añadirle un poco de textura esponjosa al pollito, que está cubierto de plumón.

3

3

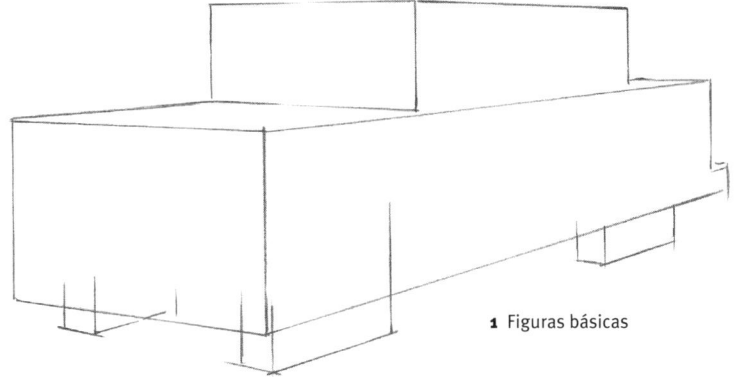

1 Figuras básicas

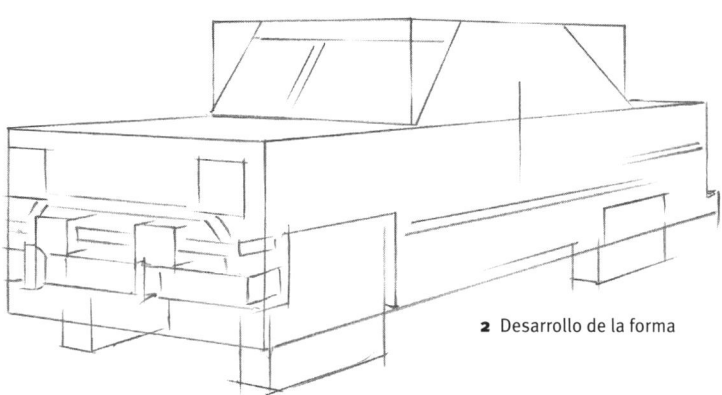

2 Desarrollo de la forma

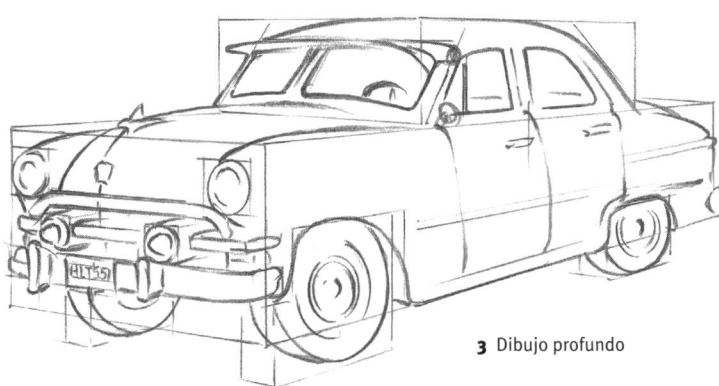

3 Dibujo profundo

Paso 1 Incluso una forma compleja como la de este Ford del 51 se puede dibujar con facilidad si se comienza por usar figuras básicas. En esta fase del dibujo, debe ignorar todos los detalles y limitarse a trazar cuadrados y rectángulos. Dado que solo tendrán la función de guiarle y que se podrán borrar al acabar el dibujo, deben trazarse sin demasiada precisión y sin preocuparse de que las esquinas resulten perfectamente nítidas.

Paso 2 Usando estas figuras básicas a modo de guía, comience a añadir más cuadrados y rectángulos para los focos, el parachoques y la rejilla. Comience a desarrollar la forma del parabrisas y de las líneas en ángulo y, después, bosqueje unas cuantas líneas rectas para situar el tirador de la puerta y los detalles laterales.

Paso 3 Una vez que haya establecido las principales figuras y formas, comience a redondear las líneas y a refinar los detalles a fin de que se ajusten al diseño del automóvil. Como las guías aún seguirán dibujadas, el último paso será borrar las líneas que sean irrelevantes.

CALENTAMIENTO

La clave del dibujo es la observación. Si puede mirar al sujeto y ver realmente lo que tenga delante, tendrá ya la mitad del camino recorrido; el resto es cuestión de técnica y práctica. Para calentar, bosqueje unas cuantas formas tridimensionales: esferas, cilindros, conos y cubos. Reúna unos cuantos objetos que tenga por casa para usarlos a modo de referencia o estudie los ejemplos que se reproducen aquí (puede poner una hoja de papel translúcido sobre estos dibujos y calcarlos: no es hacer trampa, sino que se trata de una buena práctica).

EMPEZAR A SOLTARSE

Sujete el lápiz sin fuerza y colóquelo debajo de la mano. Use todo el brazo, no solo la muñeca, para efectuar una serie de trazos circulares sueltos y hacerse con la sensación del lápiz. Practique el dibujo libre sobre un trozo de papel sobrante: haga trazos sueltos y aleatorios con el hombro y el brazo. Haga que el trazado sea relajado, ya que así evitará que la mano se le canse o se le agarrote; procure que las líneas sean enérgicas a la vez que suaves. A continuación, comience a garabatear: haga unas cuantas figuras sueltas sin preocuparse de dibujar líneas perfectas.

Esbozar Bosqueje levemente las figuras generales de varios objetos e indique de forma aproximada cuáles son las zonas sombreadas. Observe también la figura de la sombra que proyecten los objetos, y reserve para ella el sombreado más oscuro. Experimente con los distintos tipos de lápices (H, HB, 2B) y vaya cambiando la presión que ejerza en ellos para ver los distintos tipos de líneas que logra hacer.

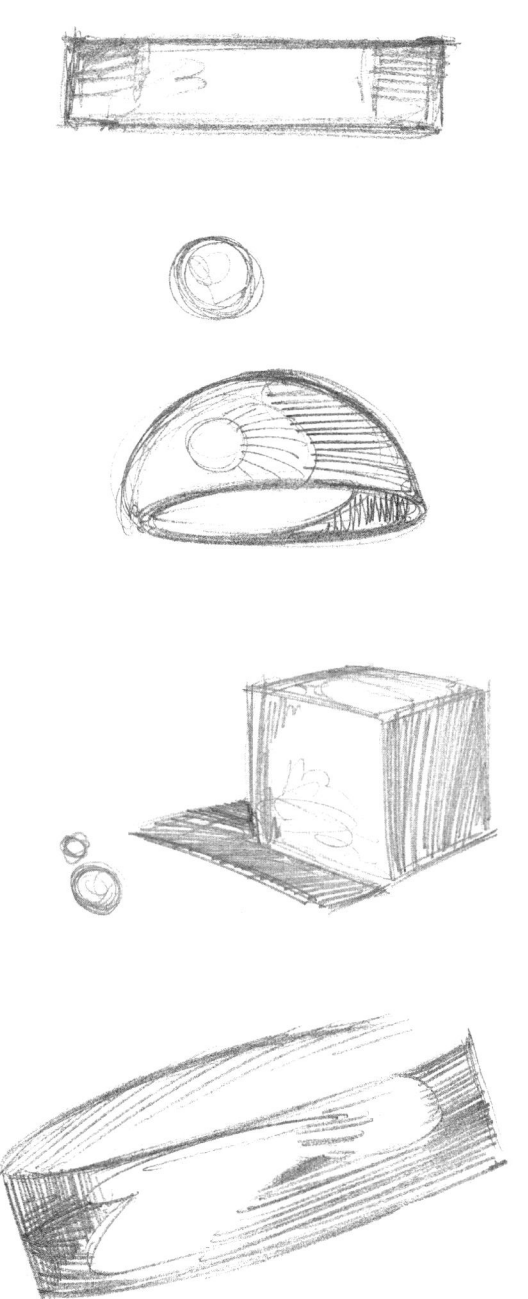

FLORES

FORMAS FLORALES BÁSICAS

Como puede comprobar, incluso las flores más complejas se pueden desarrollar a partir de figuras sencillas. Seleccione una flor que quiera dibujar y estúdiela con meticulosidad mientras busca la forma general. Bosqueje el contorno de la figura y comience a buscar otras figuras dentro de la propia flor. Esboce las formas más pequeñas y desarrolle los detalles, tales como los pétalos y las hojas. Una vez que haya hecho esto, suavice las líneas y comience a sombrear.

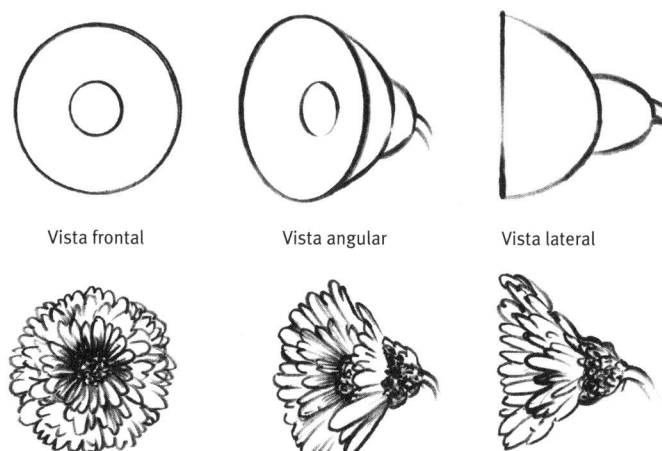

Vista frontal   Vista angular   Vista lateral

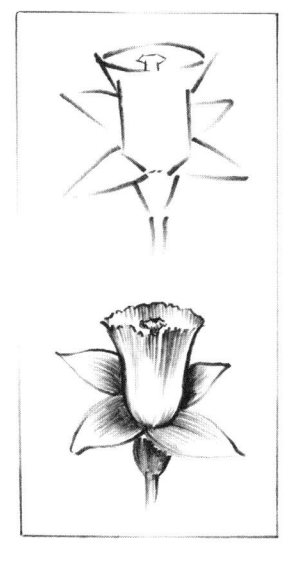

Use un lápiz HB para esbozar primero la figura tipo copa de la flor; después, dibuje los pétalos y el pedúnculo (*superior*). Comience a desarrollar la forma mediante el sombreado.

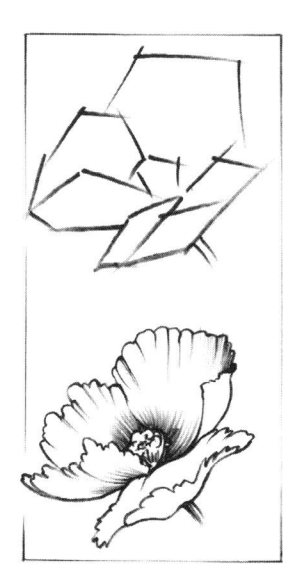

Aunque el dibujo de esta vista de tres cuartos pueda parecer más complicado, si la estudia con meticulosidad, podrá determinar sus figuras básicas. Comience cada pétalo con unas líneas cortas dibujadas con los ángulos adecuados.

Los círculos le permitirán dibujar flores redondas. Determine el tamaño de la flor con un círculo grande y ponga otro más pequeño en el interior. Use los círculos a modo de guía y sombree los detalles.

Aunque el dibujo de flores con muchos pétalos solapados resulta más complicado, una vez que haya bosquejado las figuras básicas, no le costará dibujar los detalles.

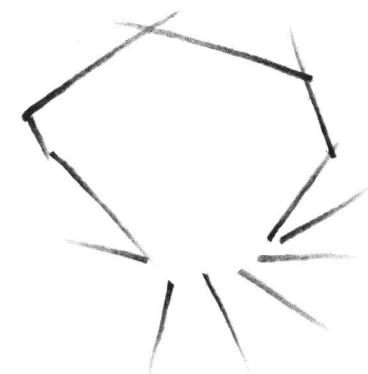

1 Bosqueje la figura básica.

3 Añada los detalles.

5 Cree la forma mediante el sombreado.

2 Encaje las formas pequeñas.

4 Limpie las líneas.

FLORES SENCILLAS

El dondiego de día y la gardenia son flores muy adecuadas para aprender las sencillas técnicas de sombreado conocidas como «trama» y «trama cruzada». Los trazos de la trama son líneas diagonales en paralelo que, si se sitúan juntas, dan lugar a sombras oscuras, mientras que si se dibujan más separadas producen valores más claros. Los trazos de trama cruzada se elaboran con trazos a los que después se les superponen otros trazos inclinados en la dirección contraria. En el recuadro de la página 15 podrá encontrar ejemplos de ambos tipos de trazo.

Dondiego de día

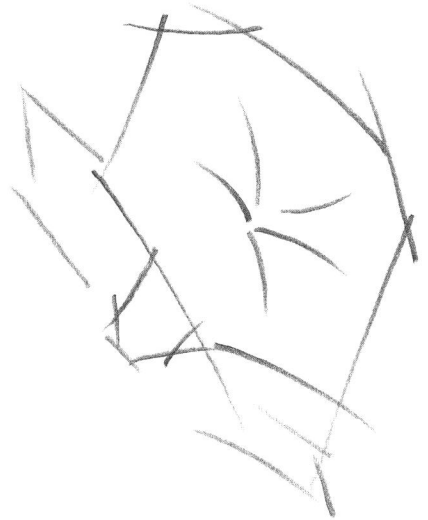  

Paso 1 Observe con atención la forma general del dondiego de día y, después, bosqueje ligeramente un polígono con la punta de un lápiz HB. Esta vista de tres cuartos permite apreciar las nervaduras que se extienden desde el centro; así, deberá bosquejar cinco líneas curvas para situarlas. Después, trace el contorno aproximado de las hojas y del cáliz de la flor.

Paso 2 Después, use las líneas guía para situar y dibujar los contornos curvos de la flor y de las hojas. También puede modificar la presión del lápiz sobre el papel para variar el ancho de la línea, con lo que le aportará una cierta personalidad. A continuación, añada los estambres en el centro.

Paso 3 Llegados a este momento, ya podrá aplicar el sombreado. Use la punta redondeada y el lateral de un lápiz HB para dibujar una serie de trazos en trama; al hacerlo, siga la figura, la curvatura y la dirección de las superficies de la flor y de las hojas. Para las zonas más en la sombra, ejecute unos trazos más oscuros y juntos entre sí con la punta de un lápiz blando 2B.

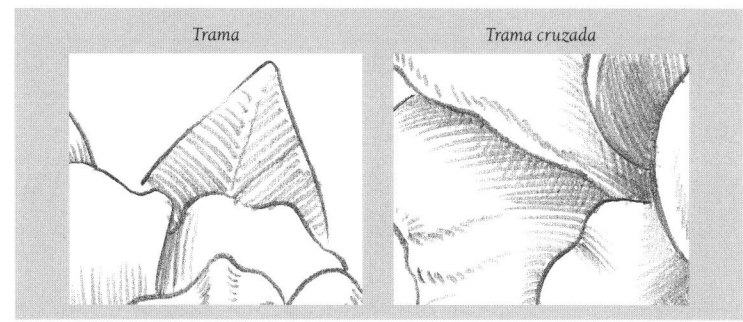

Trama *Trama cruzada*

Gardenia

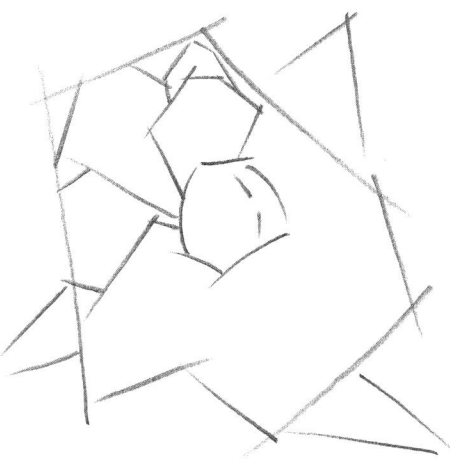

Paso 1 Aunque el dibujo de la gardenia es un tanto más complicado que el del dondiego de día, se puede empezar de la misma manera. Trace unas líneas rectas con las que esboce un polígono irregular para determinar la figura general de la flor; después, añada unos triángulos parciales para las hojas. A continuación, determine la figura básica de cada pétalo y comience a esbozarlas, empezando por el centro de la gardenia.

Paso 2 Mientras dibuja cada una de las figuras de los pétalos, preste especial atención a los puntos en los que se superpongan y a las proporciones, es decir, a las relaciones de tamaño: los pétalos en comparación con los demás y con la flor en su conjunto. La reproducción precisa de la pauta de los pétalos es uno de los elementos más importantes al dibujar flores. Una vez que haya delimitado todas las figuras, refine los contornos.

Paso 3 Vuelva a emplear el lateral y la punta roma de un lápiz HB para sombrear los pétalos y las sombras; al hacerlo, tenga en cuenta que los trazos deben seguir la dirección de las curvas. Levante el lápiz al final de cada uno de los trazos de los pétalos para que las líneas se estrechen y se desvanezcan; además, hay que profundizar las sombras mediante la superposición de trazos en dirección contraria (trama cruzada) con la punta de un lápiz 2B.

TULIPÁN

Existen distintos tipos de tulipanes, con flores de formas diferentes. Este, conocido como «tulipán loro», prácticamente no tiene cáliz en comparación con el de la derecha, y resulta más complicado dibujarlo. Siga estos pasos antes de proceder a dibujar los detalles.

Comience por emplear líneas totalmente rectas para, así, captar la forma general de la flor. Añada las formas de los pétalos y complételo con un sencillo sombreado.

Busque el ritmo de las líneas en este tulipán. Comience con tres líneas sencillas en el paso 1; estas le servirán para determinar la dirección básica. En el paso 2 se pone de manifiesto cómo se han de añadir líneas para desarrollar la figura general de la flor. En el paso 3 se profundiza más en la figura y comienza a percibirse la grácil figura de la flor. El paso 4 cuenta con más detalles y da paso al sombreado, gracias al cual la flor adquiere su forma.

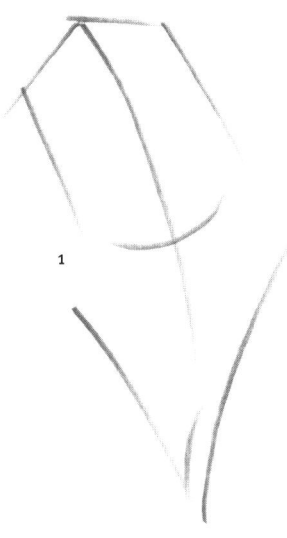

1

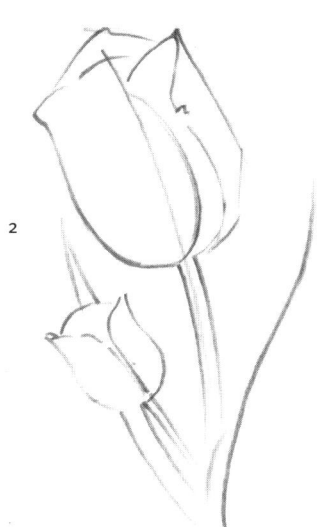

2

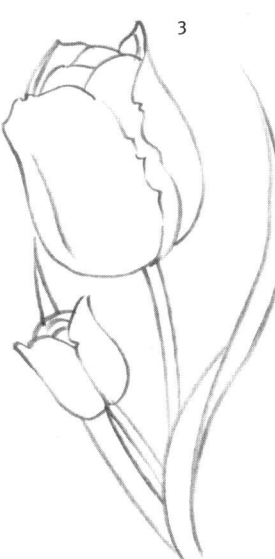

3

Con unos cuantos trazos de sombreado basta para realzar el efecto de los pétalos superpuestos.

4

AMAPOLA

La hermosa amapola de California presenta una gama cromática que va desde el naranja intenso hasta el amarillo pálido. Sus delicadas flores son tan finas como el papel y tienen un ancho de unos cinco centímetros. Emplee el diagrama de abajo para dibujar la planta completa, y siga los pasos de la derecha para representar la flor individual.

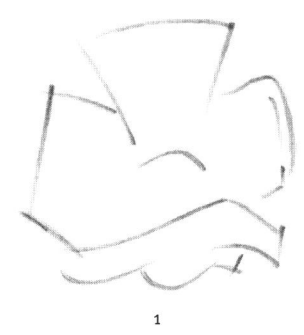

1

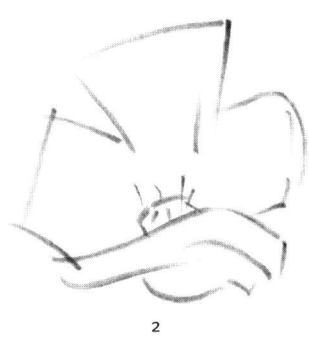

2

3

4

PENSAMIENTO

Los pensamientos se dan en una gran cantidad de combinaciones cromáticas. A veces estas combinaciones recuerdan a rostros que casi parecen tener expresiones. Al dibujar pensamientos, siga los pasos para superponer los pétalos de modo que se tapen un poco unos a otros cerca de los bordes. Observe cómo el sombreado oscuro cerca del centro crea la ilusión de que la flor tiene dos colores, así como de que es tridimensional.

1

2

3

4

Emplee un lápiz con la punta afilada para realizar unos trazos uniformes con los que crear un sombreado sutil.

LILIUM REGALE

Los lirios, como este, son flores con una intensa fragancia. Las plantas pueden llegar a alcanzar una altura de casi dos metros y medio. Siga estos pasos (*inferior*) para desarrollar la flor, la cual se puede adherir al tallo principal al dibujar toda la planta, como se expone en la parte inferior de la página.

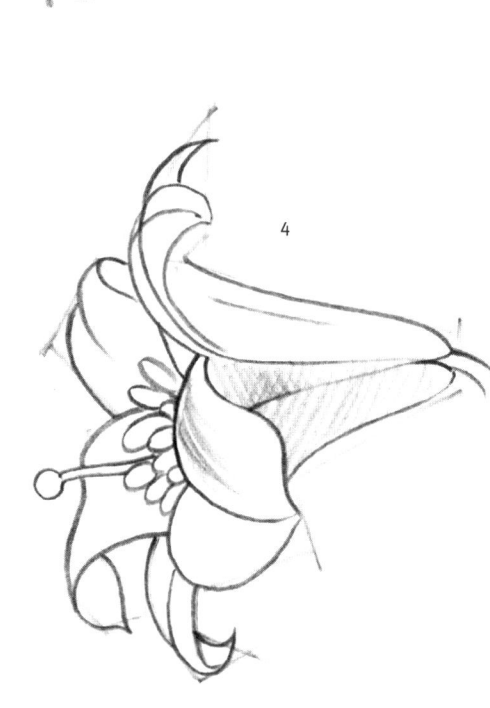

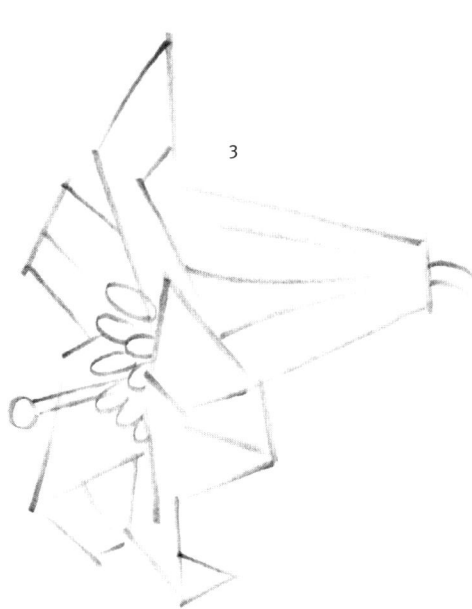

CAPULLO DE LIRIO

El capullo de lirio del paso 1 (*inferior*) comienza cerrado por completo. En el paso 2 se ven los dos ángulos que se han de sombrear para darle forma al capullo. También se indica cómo transformar el capullo para que parezca estar un poco abierto. Al añadir este tipo de capullos a sus lirios, préstele atención a cómo se unen a los tallos.

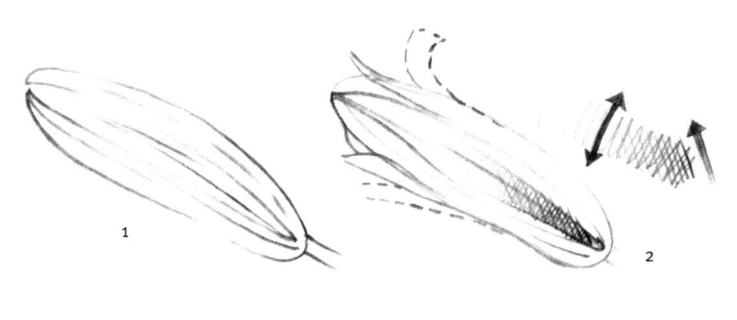

Los trazos de sombreado como estos ilustran la técnica llamada «trama cruzada» y sirven para dar forma a los pétalos.

Buqué

S i observa con atención, verá que, aunque las rosas se parecen entre
sí, cada una, al igual que las personas, tiene rasgos únicos. Si logra
que su dibujo refleje estas diferencias, sus rosas no parecerán calcos
unas de otras.

Paso 1

Al igual que en el caso de las flores individuales, comience
por dibujar las figuras básicas de las rosas con un lápiz HB.
Encaje solo los contornos y algunas de las principales
formas de los pétalos sin entrar en los detalles. A continuación,
esboce los tallos y la figura del lazo. Dado que estos
primeros trazos son meras líneas guía para el desarrollo
del dibujo, procure que sean sencillos y muy claros.

Paso 2

Una vez que haya establecido los contornos generales,
comience a desarrollar las formas secundarias de cada
flor (las curvas y hendiduras de los pétalos). Estos son
los elementos que hacen que cada rosa sea única, así que
preste atención a las formas en esta etapa del dibujo.

Paso 3

Comience a definir las formas con mayor precisión,
añadiendo detalles a los pétalos internos, refinando los
tallos y desarrollando la figura de la cinta. Varíe el grosor
de cada línea para conferirle al dibujo más carácter y vida.
No sombree nada en este paso: primero hay que asegurarse
de que el dibujo sea preciso.

Paso 4

Hay veces en las que reducir el sombreado al mínimo y manejar bien la luz revelan lo efectivo que puede ser un simple dibujo. En las páginas siguientes se ahondará en la cuestión del sombreado. En este ejemplo se utilizan trazos sombreados y se emplea solo el sombreado suficiente en cada flor, hoja y tallo para darles una cierta forma.

AQUILEGIA

*A*quilegia es un género de plantas con una peculiar flor y largas protuberancias conocidas como «espuelas». Estas son muy importantes para las mariposas y los colibríes, ya que cada punta contiene una gota de néctar.

Siga estos pasos (*inferior*) con atención al dibujar las hojas. En el paso 1, observe los ángulos agudos en las figuras iniciales y cómo se desarrollan las hojas a partir de ellos en los pasos 2 y 3.

Dibuje el contorno general de los capullos y, después, siga con los detalles. Aplique este mismo método al dibujar las flores grandes.

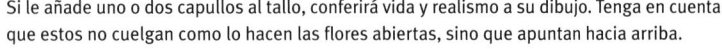

Si le añade uno o dos capullos al tallo, conferirá vida y realismo a su dibujo. Tenga en cuenta que estos no cuelgan como lo hacen las flores abiertas, sino que apuntan hacia arriba.

Empleando las líneas de esbozo a modo de guías, «incruste» las hojas dentro de los contornos de las figuras iniciales.

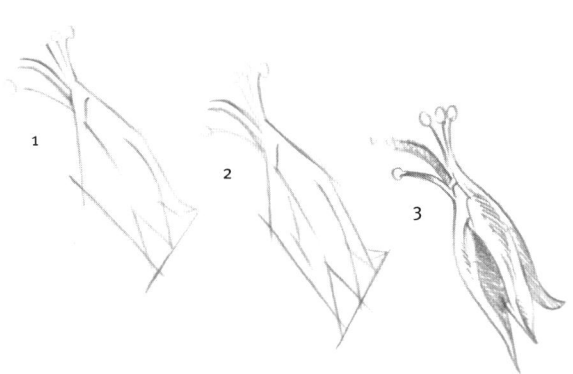

Espuelas

Empleando las líneas de
bosquejo a modo de guías,
«incruste» las hojas dentro
de los contornos de las
figuras iniciales.

PEONÍA

Las peonías, en función de la variedad, pueden tener la flor doble o sencilla. Estas vistosas flores son temas excelentes para los dibujos florales.

Para realizar este ejercicio, debe emplearse papel brístol con acabado vitela. En esta gruesa superficie, el sombreado produce un poco más de textura que en una cartulina lisa. Para comenzar el ejercicio, dibuje y sitúe las principales partes de la flor en el paso 1. En el 2, comience a sombrear los pétalos y las hojas circundantes. Empiece a sombrear en serio en el paso 3 y, después, establezca el patrón del fondo.

4

Los trazos del fondo siguen
la dirección de los pétalos
y se difuminan hacia afuera
desde el centro.

CARDO

Esta planta, *Cirsium muticum*, es una de las muchas especies de cardo que existen. Presenta una flor morada que se puede encontrar en campos y pastizales de poca altura. Los lados espinosos son un desafío para el dibujo, ya que hay que representar una amplia gama de texturas superficiales. Aunque lo que recubre a la flor está repleto de espinas, la flor en sí es suave y delicada. Utilice tanto lápiz HB como 2B en este ejercicio, así como papel brístol liso.

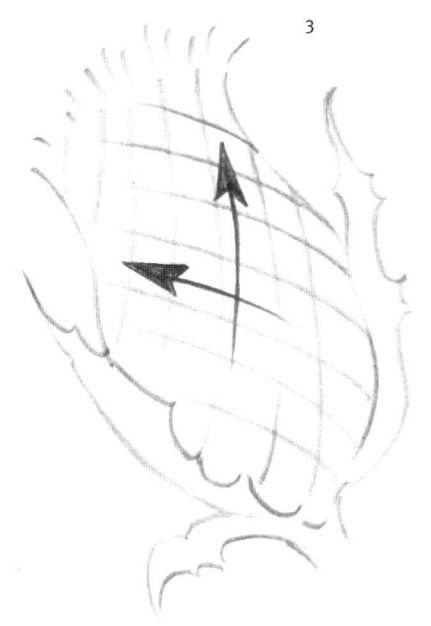

3

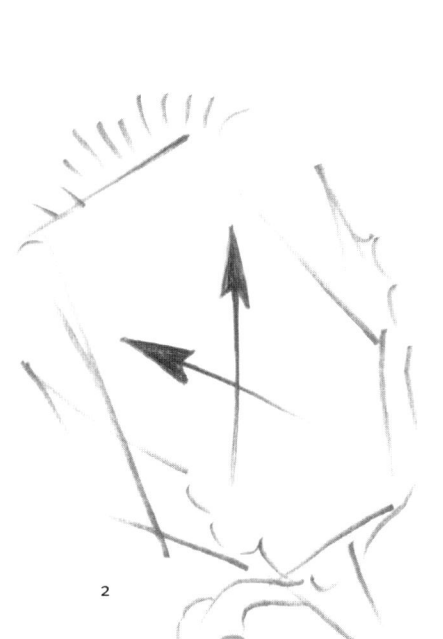

2

4

Cuando llegue al paso 3, realice un entramado a base de líneas en las direcciones indicadas por las flechas; este entramado le servirá como guía para dibujar el intrincado patrón lateral. Redondee las esquinas superiores de las celdas del entramado para poner de relieve el lateral espinoso; después, comience a sombrear con un lápiz 2B de punta afilada. Observe las zonas en las que el sombreado es más oscuro y cómo estas realzan el efecto de superposición de las brácteas.

Las zonas vacías ayudan a sugerir que los flósculos están separados y llenos.

GLADIOLO

El gladiolo puede alcanzar una altura de entre 0,40 y 1,80 metros, y sus flores tienen una envergadura de entre 5 y 15 centímetros. Los pétalos pueden ser lisos, ondulados o rizados.

Emplee papel brístol liso, un lápiz HB, un 2B y uno plano para esbozos. Encaje la flor y comience a sombrear usando el lateral del HB; después, use un difumino sobre la zona. Dibuje unas sutiles líneas de textura con la punta afilada de un HB, rellenando las sombras con un 2B. Sombree el fondo mediante trazos aleatorios ejecutados con un lápiz plano para esbozos. A continuación, aplique una trama cruzada en pequeñas zonas con un 2B con la punta afilada. Por último, saque luces con un borrador moldeable.

1

2

3

Todos los esbozos son importantes, en especial cuando se dibujan pétalos muy superpuestos. ¡Ponga a prueba su capacidad de observación!

El nombre de esta planta deriva del término latino Gladiolus, *«pequeña espada».*

4

PAISAJES
ESBOZAR HOJAS

Los árboles de hoja ancha (tales como las hayas, los arces y algunos tipos de roble) se caracterizan por tener unas hojas anchas y planas, dar flores y perder todo el follaje con la llegada del otoño (son caducifolios). Use los ejemplos de abajo para estudiar las sutiles variaciones de las figuras.

Al dibujar, observe las distintas técnicas que se emplean para las hojas de cada tipo de árbol. Primero, bosqueje el tronco y, después, dibuje la forma general de todas las hojas antes de sombrear el follaje.

Use el lateral de la mina del lápiz para los esbozos básicos.

Aliso

Las variaciones de valor sirven para representar el espeso follaje del arce rojo.

Arce rojo

En este caso, el follaje, al no ser tan denso, deja ver las ramas y el tronco.

Roble blanco americano

Esboce el contorno triangular con un HB. Después, emplee un 2B de punta redonda para dibujar las ramas con unos breves trazos horizontales. Vuelva a usar el HB afilado para agregarle unos cuantos detalles al follaje.

Pino

ROCAS

Dado que las rocas presentan una gran cantidad de figuras, la mejor forma de abordarlas pasa por observar con atención las que se vayan a dibujar. Para empezar, esboce ligeramente las figuras básicas en el paso 1 a fin de establecer los distintos planos.

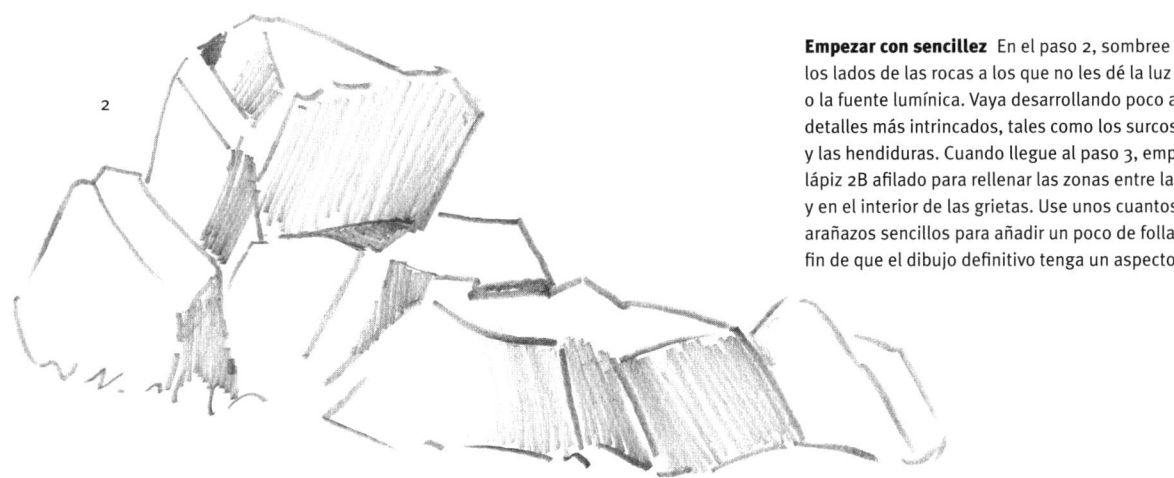

Empezar con sencillez En el paso 2, sombree ligeramente los lados de las rocas a los que no les dé la luz solar o la fuente lumínica. Vaya desarrollando poco a poco los detalles más intrincados, tales como los surcos, las grietas y las hendiduras. Cuando llegue al paso 3, emplee un lápiz 2B afilado para rellenar las zonas entre las rocas y en el interior de las grietas. Use unos cuantos garabatos y arañazos sencillos para añadir un poco de follaje de fondo a fin de que el dibujo definitivo tenga un aspecto más realista.

Crear texturas Por lo general, las superficies de las rocas son irregulares y están repletas de bultos. Intente crear varios valores de sombreado en las rocas para dotarlas de picos. Realice sombreados de trama en varias direcciones para seguir la forma de las rocas y haga que los valores sean más oscuros en las grietas más profundas, en los cantos afilados y en las zonas que hay entre las rocas.

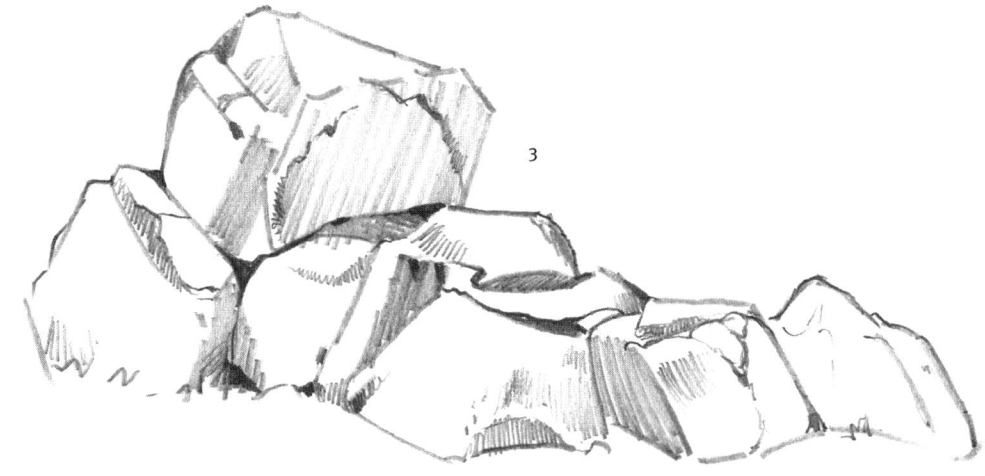

4

Detalles de un automóvil

Paso 1 Empleo papel de calco y una referencia fotográfica para completar el contorno completo del automóvil, indicando todos los planos de la carrocería y de los neumáticos.

Paso 2 Comienzo a sombrear mediante trama cruzada y con lápices que van desde el 2H al H. Teniendo en cuenta la dirección de la luz, sombreo la parte izquierda del automóvil. También sombreo con intensidad la parte inferior de los neumáticos; además, utilizo trazos horizontales para sugerir a los pasajeros del automóvil.

Paso 3 En esta etapa, intensifico los valores medios y oscuros para generar contrastes dinámicos. Utilizo lápices que van del HB al 2B con trama cruzada para añadir tono; al hacerlo, aplico una fuerte presión para las zonas más oscuras, como en la base del parabrisas y en las zonas sombreadas de los neumáticos. Represento el fondo con unas cuantas figuras sencillas para que el punto focal sea el automóvil.

ÁRBOL VIEJO

Al dibujar tanto los árboles de este libro como los que pueda observar en el exterior, lo primero que debe hacer es elaborar las formas básicas ejecutadas con unas sencillas líneas rectas. Por ejemplo, el tronco y las ramas de este árbol están esbozados vagamente con líneas rectas, mientras que para las masas grandes de hojas se han empleado líneas curvas.

Esboce las formas básicas.

Refine las formas.

Añada valores más oscuros.

En el paso 1, esboce las figuras básicas con la punta de un lápiz HB. En el paso 2, comience a refinar las figuras. Como puede apreciarse en el paso 3, debe emplearse un lápiz 2B para sombrear las zonas oscuras de detrás de las ramas y, así, crear sensación de profundidad. Después, en el paso 4, siga añadiendo valores más oscuros y comience a insinuar las hojas. Observe cómo aportan profundidad las variaciones de los valores en el dibujo ya acabado. Añádale detalles al paisaje para rematar la representación.

4

Insinúe las hojas con unas
pequeñas líneas curvas.

5

*Trace unas leves líneas esbozadas
con el lateral de la mina.*

*Los elementos de paisaje
hacen que el árbol parezca
estar firmemente plantado.*

Montañas

Los paisajes montañosos se pueden esbozar con unas cuantas líneas rectas, tal y como puede apreciarse en el paso 1. Refine las formas de las montañas rugosas en el paso 2; al hacerlo, tenga en cuenta que no tiene por qué incluir todas las hendiduras y curvaturas que vea. Basta con que incluya las más importantes para captar la esencia del tema. Mientras, proceda con el sombreado de los pasos 3 y 4, y recuerde que las grietas más profundas deben sombrearse con una mayor oscuridad para que revelen la textura rocosa.

Variar las técnicas Para crear este paisaje, deben emplearse varias técnicas de dibujo. Añada los árboles del primer plano en último lugar; al hacerlo, emplee garabatos y líneas dentados para elaborar las ramas.

Debido a que las montañas del fondo se encuentran muy lejos, se les debe aplicar un sombreado menos detallado. Varíe los valores claros y los oscuros alrededor de los árboles para crear la ilusión de que algunos estén más cerca que otros.

6

Las líneas dentadas sirven para crear las formas de los árboles y las ramas con efectividad.

MONUMENT VALLEY

Enfatizar el tamaño La enorme altura vertical de estas increíbles rocas da lugar a un espectacular paisaje desértico. Desde este ángulo, da la sensación de que las estuviéramos mirando desde abajo: tal es la avasalladora presencia de las rocas. Esboce todas las figuras básicas antes de ponerse a sombrear. Emplee un lápiz 2B afilado para rellenar las grietas y las hendiduras. La excepcionalidad de este dibujo reside en el hecho de que el sombreado del primer plano es más oscuro que el que hay en el fondo. Este efecto se debe a la posición de la fuente lumínica (el sol); que se encuentra a la izquierda de las principales formaciones rocosas y hace que las sombras se proyecten a la derecha de estas.

43

DESIERTOS

Los desiertos, debido a la gran variedad de texturas y figuras complejas que presentan, resultan unos excelentes temas paisajísticos. En el paso 1, reparta los principales elementos con un lápiz HB y, después, refine las formas. A continuación, en el paso 2, añada unas cuantas sombras ligeras. El dibujo ya acabado presenta un sombreado mínimo, lo cual sirve para crear la ilusión de una luz expansiva que recorre todo el paisaje.

1

2

3

Molino de agua junto al riachuelo

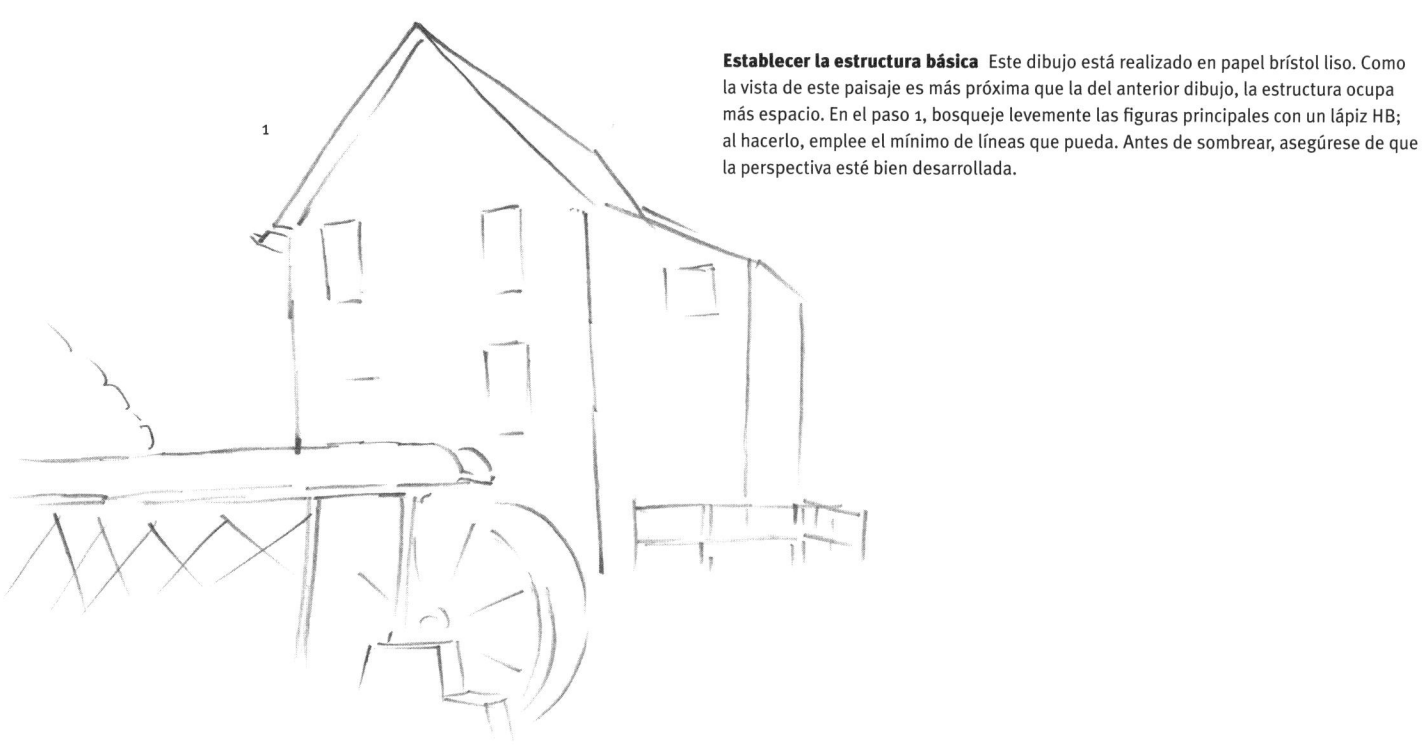

Establecer la estructura básica Este dibujo está realizado en papel brístol liso. Como la vista de este paisaje es más próxima que la del anterior dibujo, la estructura ocupa más espacio. En el paso 1, bosqueje levemente las figuras principales con un lápiz HB; al hacerlo, emplee el mínimo de líneas que pueda. Antes de sombrear, asegúrese de que la perspectiva esté bien desarrollada.

Darle forma Comience por usar un lápiz 2B para crear el sombreado del fondo. Aplique trazos en distintas direcciones mientras observa con atención en qué lugares varían los valores del sombreado. Sombree la pared estructural con unos largos trazos verticales; de este modo, contrastará con la textura de los arbustos del fondo. Después, rellene las sombras que hay entre la rueda del molino, los radios de esta y el canal. Al principio, el sombreado ha de ser claro y homogéneo; después, pase a elaborar sombras más oscuras y saturadas.

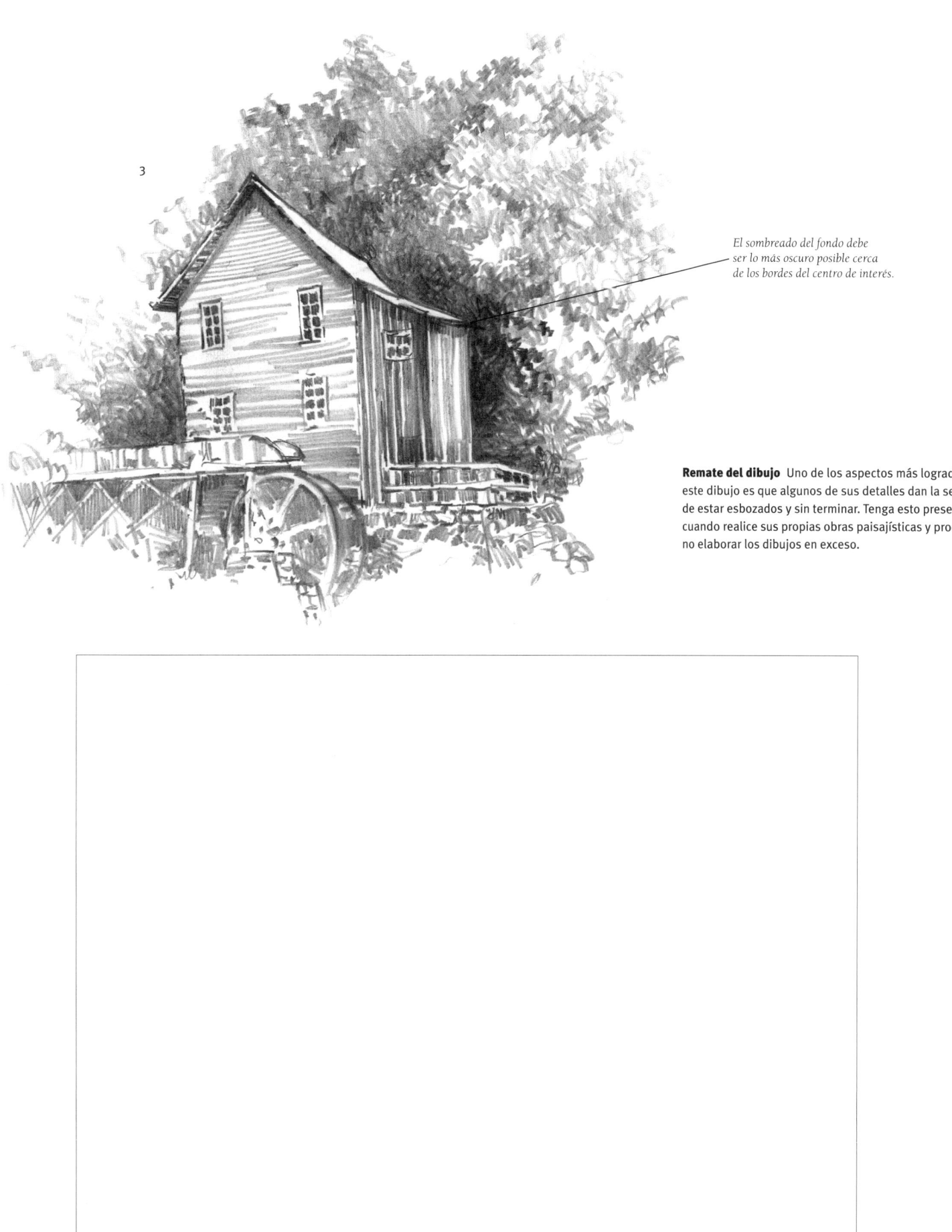

3

El sombreado del fondo debe ser lo más oscuro posible cerca de los bordes del centro de interés.

Remate del dibujo Uno de los aspectos más logrados de este dibujo es que algunos de sus detalles dan la sensación de estar esbozados y sin terminar. Tenga esto presente cuando realice sus propias obras paisajísticas y procure no elaborar los dibujos en exceso.

INTRODUCIR LA PERSPECTIVA

Paso 1 Como siempre, comienzo por encajar las formas básicas con la punta afilada de un lápiz HB. Aunque muchos artistas dibujan a mano alzada, a veces uso una regla para comprobar mis líneas cuando dibujo con perspectiva. Observe que en este dibujo hay varios puntos de fuga, ya que no todos los planos de la cubierta tienen el mismo ángulo. Se trata de un excelente ejemplo de cómo los ángulos de los planos determinan los puntos de fuga.

Paso 2 Usando la punta afilada del lápiz, empecé a añadir ligeramente otras figuras (ventanas, adornos y farola). Pese a la gran cantidad de líneas paralelas que hubo que comprobar, las alineé con meticulosidad con una regla para comprobar que todas conducían a sus puntos de fuga correspondientes.

Paso 3 Con el lateral de una mina HB y una regla, empecé a sombrear los tablones planos y rectos, variando los valores de mis trazos para que el dibujo no pareciera una representación mecánica. Para oscurecer las ventanas, recurrí tanto un lápiz HB con la punta afilada como a uno con la punta redonda.

Paso 4 Seguí refinando el sombreado, dejando en blanco el papel para indicar los reflejos de las ventanas y la luz del sol en la casa. Por último, dibuje la hierba y el follaje del árbol.

ESCENAS VACACIONALES

Siempre llevo la cámara a mano cuando viajo: puede darse la situación de que presencie una escena o un sujeto interesantes y que no me dé tiempo a elaborar un esbozo. Fotografío todo aquello que me llama la atención (pidiendo permiso cuando hace falta), y siempre procuro crear composiciones interesantes con la cámara. También fotografío temas desde puntos de vista inusuales y con distintos enfoques. Cuando llego a casa, archivo todas las fotografías para usarlas en el futuro como referencias en dibujos y pinturas.

Uso de fotografías a modo de referencia Las fotografías no tienen por qué ser perfectas para que resulten útiles. De esta fotografía de la playa de Waikiki, tomada desde la terraza del hotel, obtuve información sobre las palmeras y las nubes, y la empleé en el dibujo (*inferior*).

Paso 1 Para esta escena de un anochecer, esbocé levemente los contornos de todos los elementos con la punta afilada de un lápiz HB. Observe que situé la línea del horizonte un poco por debajo del centro.

Paso 3 Usé el lateral de un lápiz HB para desarrollar los valores y las figuras de las nubes; procuré que la mayoría de los trazos tuvieran la misma inclinación. Después, comencé a sombrear el agua.

Paso 2 Cuando abordé el desarrollo de los contornos de cada uno de los objetos, hice que las líneas guía fueran suaves, sobre todo las del cielo. Al igual que hago con los bodegones, fui comprobando que todos los elementos tuvieran las proporciones adecuadas.

Paso 4 Después, seguí añadiendo detalles y desarrollando la profundidad con el sombreado. Observe cómo los trazos del lápiz siguen la superficie del agua y las figuras de las rocas.

Paso 5 Desarrollé los valores del sombreado y las texturas con la punta y el lateral de un lápiz HB y con la punta de un 2B. Dado que mi intención era la de que el fondo sugiriese lejanía, no lo trabajé en exceso.

Nueva York

La comprensión de la perspectiva lineal es crucial para el repertorio de todo artista, sobre todo cuando sus temas implican el dibujo de calles y edificios. La aplicación de las reglas de la perspectiva ayuda a crear la ilusión de profundidad y distancia en los dibujos. Aprender estas reglas es más fácil de lo que parece; la perspectiva lineal, por ejemplo, simplemente dicta que todas las líneas que se alejan se encuentran o desaparecen en uno o más puntos (llamados «puntos de fuga») de la línea del horizonte (la línea imaginaria que representa el nivel de la vista o el horizonte real). Una vez que haya comprendido los fundamentos de la perspectiva, podrá recrear la sensación de profundidad de las escenas callejeras, como la de esta concurrida avenida de la ciudad de Nueva York.

Paso 1 Una vez que he localizado mi punto de fuga, comienzo a transferir el tema. Me valgo de una regla para crear los principales contornos del edificio, la mayoría de los cuales tienen la forma de hexaedros gigantes. En el momento en el que transfiero las líneas, procuro que las líneas que se alejan en la página converjan en mi punto de fuga. También transfiero el contorno de los automóviles que hay en primer plano.

Paso 2 Tras haberme asegurado de que los contornos básicos sean precisos, continúo usando la regla para añadir las ventanas, los toldos y los salientes, procurando que todas las líneas paralelas a lo largo de la calle sigan las reglas de la perspectiva de un punto. Para simplificar un poco esta ajetreada escena, me abstengo de añadir todas las líneas de mi referencia y empleo solo las que definan las figuras importantes.

ANIMALES
FORMAS BÁSICAS

A continuación se presentan varios dibujos de animales realizados con figuras simplificadas Como puede ver, la estructura básica de cada dibujo está conformada por cilindros, círculos y óvalos. Es una técnica que suelo emplear para comenzar los dibujos. Cuando se lleve su cuaderno de bosquejos al campo y se ponga a dibujar, empiece con estas sencillas figuras y líneas. Trabaje con rapidez y libertad y procure que el dibujo sea sencillo. No se preocupe si el animal se mueve: limítese a empezar otro dibujo en la misma página o en la siguiente. Como es habitual que los animales, tras moverse, regresen a su posición anterior, podrá continuar donde haya dejado el primer o el segundo dibujo. Llene su página con varias vistas y ángulos del animal en movimiento. No se preocupe por los pequeños detalles: tome una «instantánea» rápida con el lápiz.

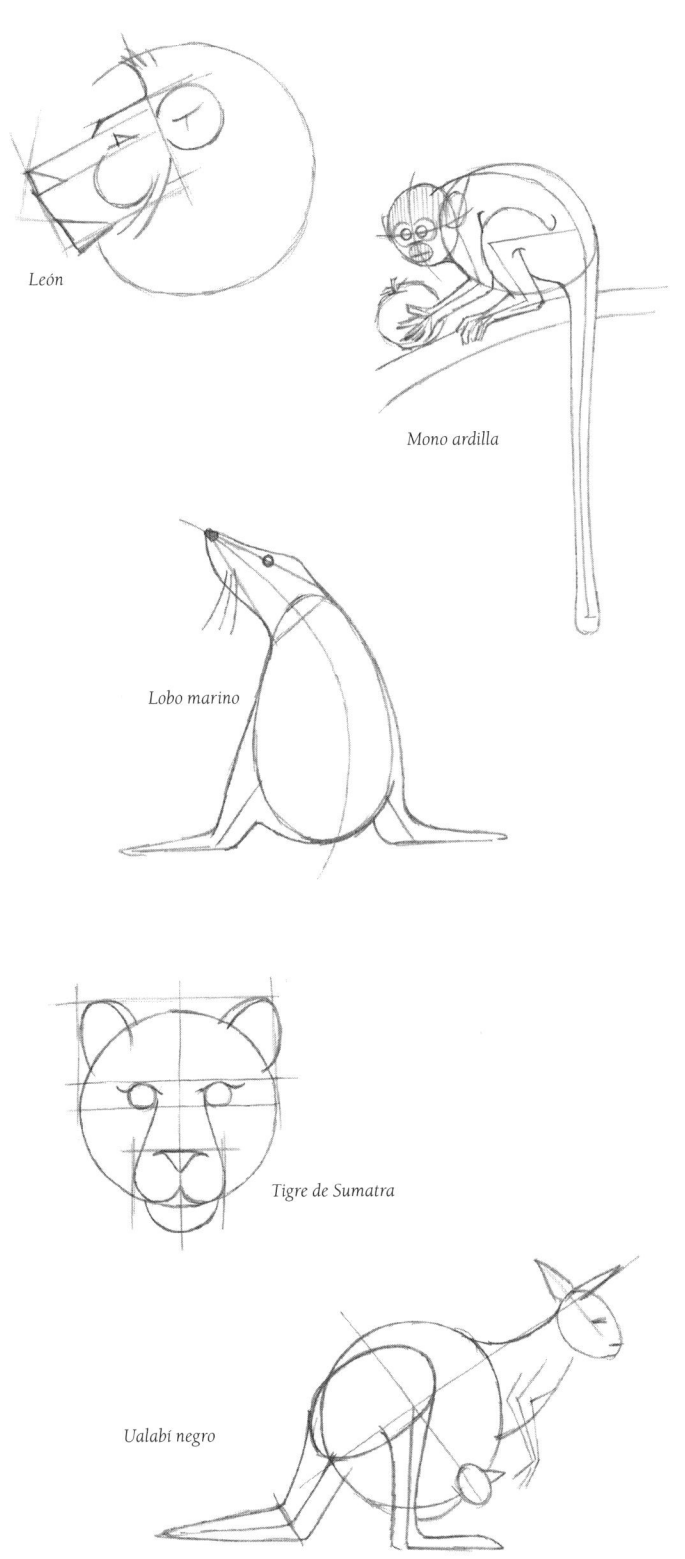

León

Mono ardilla

Lobo marino

Tigre de Sumatra

Ualabí negro

DIBUJAR CON PRECISIÓN

La precisión es esencial a la hora de dibujar animales realistas. Si está dibujando de un modo más impresionista, la precisión clínica no es tan importante, aunque su dibujo debe conservar un cierto realismo para transmitirle credibilidad al espectador. Abajo hay tres métodos que puede emplear para trazar el perfil de una leona con una precisión verosímil.

Empezar con sencillez Este perfil puede percibirse como una combinación de triángulos, cuñas, círculos y líneas. Lo primero que hago es trazar dos plomadas (líneas verticales) que atravieso con otras tantas líneas horizontales. Dentro del cuadrado que se forma por la intersección de las líneas, dibujo un triángulo para representar el ojo. Después, empleo unas líneas rectas para señalar los ángulos y las posiciones de la cabeza y de los rasgos faciales. Así tengo una estructura básica.

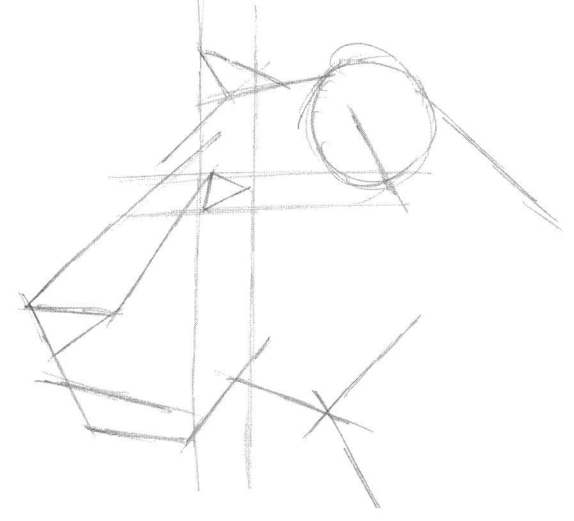

Desarrollar el dibujo Continúo dibujando con trazos firmes y construyo la forma a medida que desarrollo el dibujo. Al dibujar, consulto de forma constante mi referencia fotográfica. No borro todas las líneas de mi estructura; construyo sobre ellas usando una serie de líneas «de búsqueda» para establecer la figura, oscureciendo las líneas más convenientes. No importa si el dibujo se enmaraña un poco con todas estas líneas de búsqueda, ya que la vista del espectador se verá atraído por la línea más oscura, ya corregida. Para realizar este dibujo a mano alzada, empleé unos quince minutos.

DIBUJAR A MANO ALZADA

El dibujo a mano alzada es una habilidad que todo artista necesita desarrollar y practicar, ya que le ayuda a observar y comprender la forma y la estructura de sus temas. Cuanto más se practique, más se mejorará. Cuando trabajo a mano alzada, lo primero que hago es observar; después, divido el tema en formas simples y líneas guía con las que medir.

CREAR TEXTURAS ANIMALES

Escamas blandas Dibuje primero óvalos de distintos tamaños y, después, aplique un sombreado entre ellos. Como las escamas se superponen, cubra una parte de cada una con la siguiente capa de escamas.

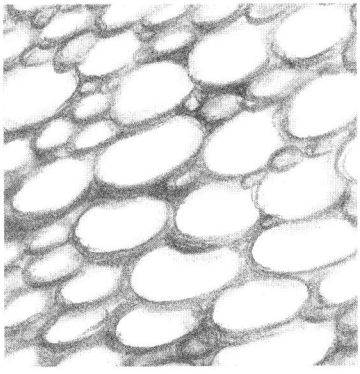

Escamas duras Cree formas irregulares colocadas de una forma un tanto curvada. Aplique un fuerte sombreado entre las figuras y, después, sombréelas con unos ligeros trazos paralelos.

Plumas finas Dibuje líneas paralelas a lo largo del raquis para formar una serie de figuras en V. Evite los contornos definidos, ya que pueden diluir la sensación de suavidad.

Plumas gruesas Para dibujar unas plumas más gruesas y definidas, use trazos paralelos más intensos y páseles un difumino. Aplique la mayoría del grafito en las sombras sombreadas entre las plumas.

Pellejo Para crear un brillante pellejo de pelo corto, aplique unos breves trazos rectos con el lado ancho del lápiz. Si quiere añadirle unas sutiles arrugas, agregue unas cuantas líneas horizontales con un valor más claro.

Pelo ondulado Si quiere dibujar capas de suaves rizos, ejecute trazos en forma de S cuyas curvas se cierren más al final. No use nada de grafito en las zonas iluminadas y aplique una mayor presión al dedicarse a las sombras.

Pelamen áspero Para el sutil patrón a rayas, aplique trazos cortos en la dirección del crecimiento del pelo. Después, use trazos horizontales e irregulares más oscuros. Emplee un borrador para destacar las luces.

Pelamen suave Emplee unos amplios trazos paralelos de lápiz, evitando que el grafito toque las zonas iluminadas. Alterne entre la punta y el lado ancho del lápiz para aportar una cierta variedad.

Pelo rizado Dibújelo a base de trazos circulares superpuestos y con varios valores. Para que sea más realista, dibuje los rizos con distintas figuras y tamaños, y aplíqueles un difumino para suavizarlos.

Pelo largo Tanto si se trata de todo el pelamen como si es solo el de las crines o el de la cola, el pelo largo se dibuja con trazos amplios y largos que se curvan ligeramente y que se ahúsan.

Bigotes Para insinuar los bigotes, dibuje filas de puntos por las mejillas del animal. Rellene el pelaje que proceda alrededor de estos puntos y, con la punta de un borrador moldeable, marque unas finas líneas curvas.

Nariz Las narices de la mayoría de los animales presentan una textura desigual que se puede lograr con un patrón de escamas muy suave. Añada sombra bajo la nariz y resalte las luces con un borrador moldeable.

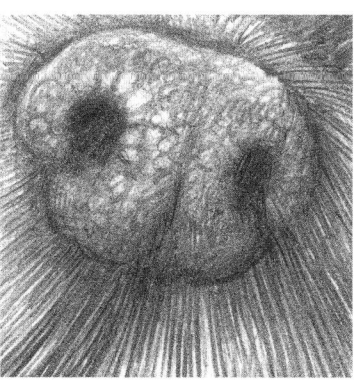

Conejo

Para aprender a dibujar conejos, hay que observarlos con detenimiento. La longitud de las orejas, por ejemplo, varía entre las distintas razas. Las de este en concreto tal vez pequen de pequeñas. Si se ve en esta situación, siga intentándolo hasta que le salgan bien.

A la hora de dibujar alguna raza animal en concreto, hay que informarse sobre ella para que su representación resulte adecuada. En las bibliotecas podrá encontrar buenas referencias al respecto.

En los pasos 1 y 2, comience con óvalos y círculos; después, encaje la figura general del conejo. Durante esta etapa, procure captar la sensación que transmite la postura del animal.

Una vez que haya determinado la postura, agregue algunos rasgos en el paso 3. Aplique tanto trazos largos como cortos para el sombreado. Para crear la forma, deje algunas zonas iluminadas y otras oscurecidas. Durante la última etapa del dibujo, préstele especial atención a los ojos del animal.

1

4

2

El dibujo de los
conejos en pleno salto
tiene complicaciones
añadidas. Anímese
a intentarlo.

GATO

A veces puede resultar difícil captar la figura del gato cuando está sentado o dormido, ya que puede levantarse y marcharse mientras lo dibujamos. No se preocupe por acabar por completo siempre los dibujos; es mejor que realice esbozos rápidos y espontáneos de los distintos movimientos y posturas del animal. Estos breves estudios suponen una buena forma de practicar.

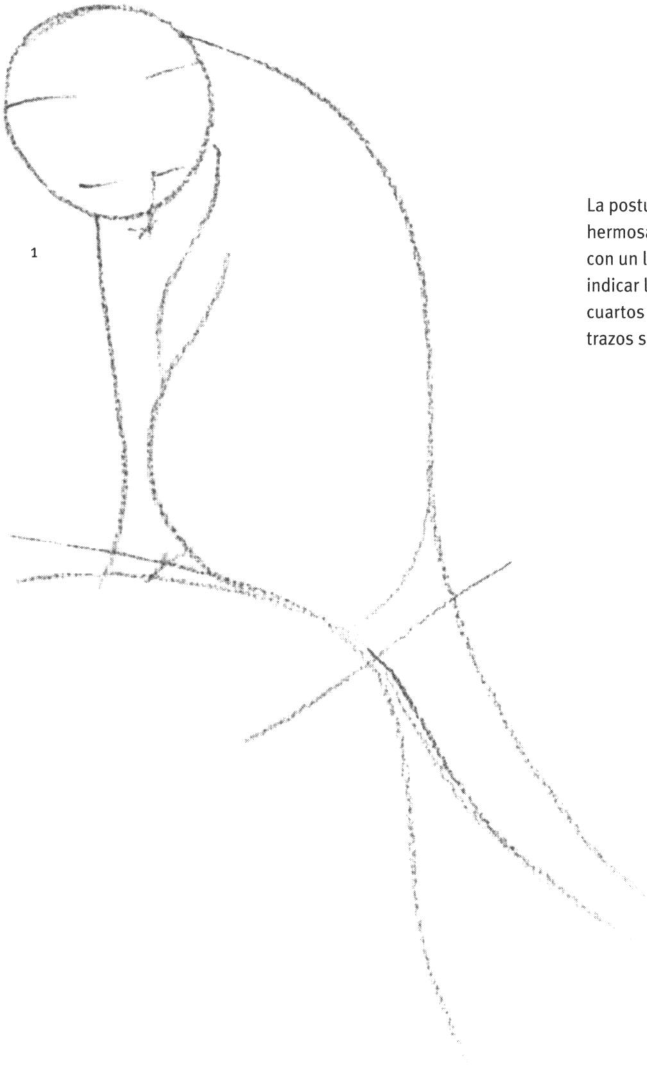

La postura corporal y la sencillez de este gato dan lugar a un aspecto hermosamente fluido. Comience por dibujar un círculo para la cabeza con un lápiz HB en el paso 1. Después, dibuje unas líneas con las que indicar la ubicación de los rasgos y las curvas del lomo, de la cola y de los cuartos traseros. Intente captar el gesto o la postura con solo unos cuantos trazos sueltos.

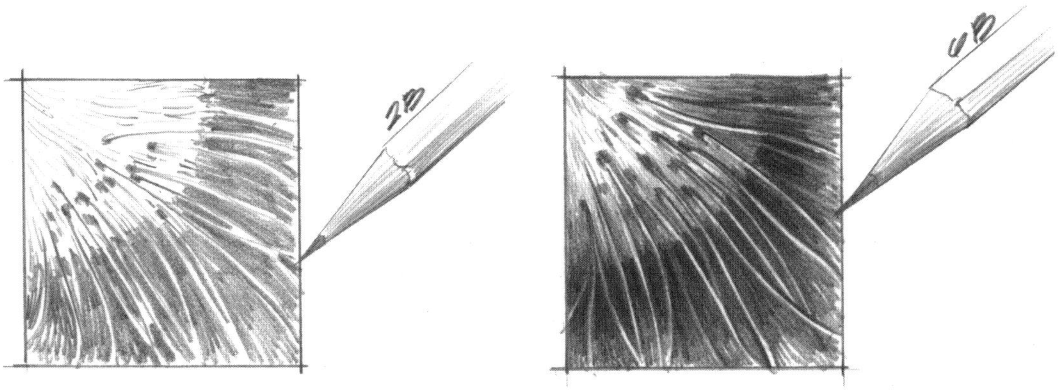

Paso A Use el lateral y la punta de un lápiz 2B para indicar el pelamen y los bigotes.

Paso B Emplee un lápiz 6B para refinar los bigotes y sombrear las zonas más oscuras.

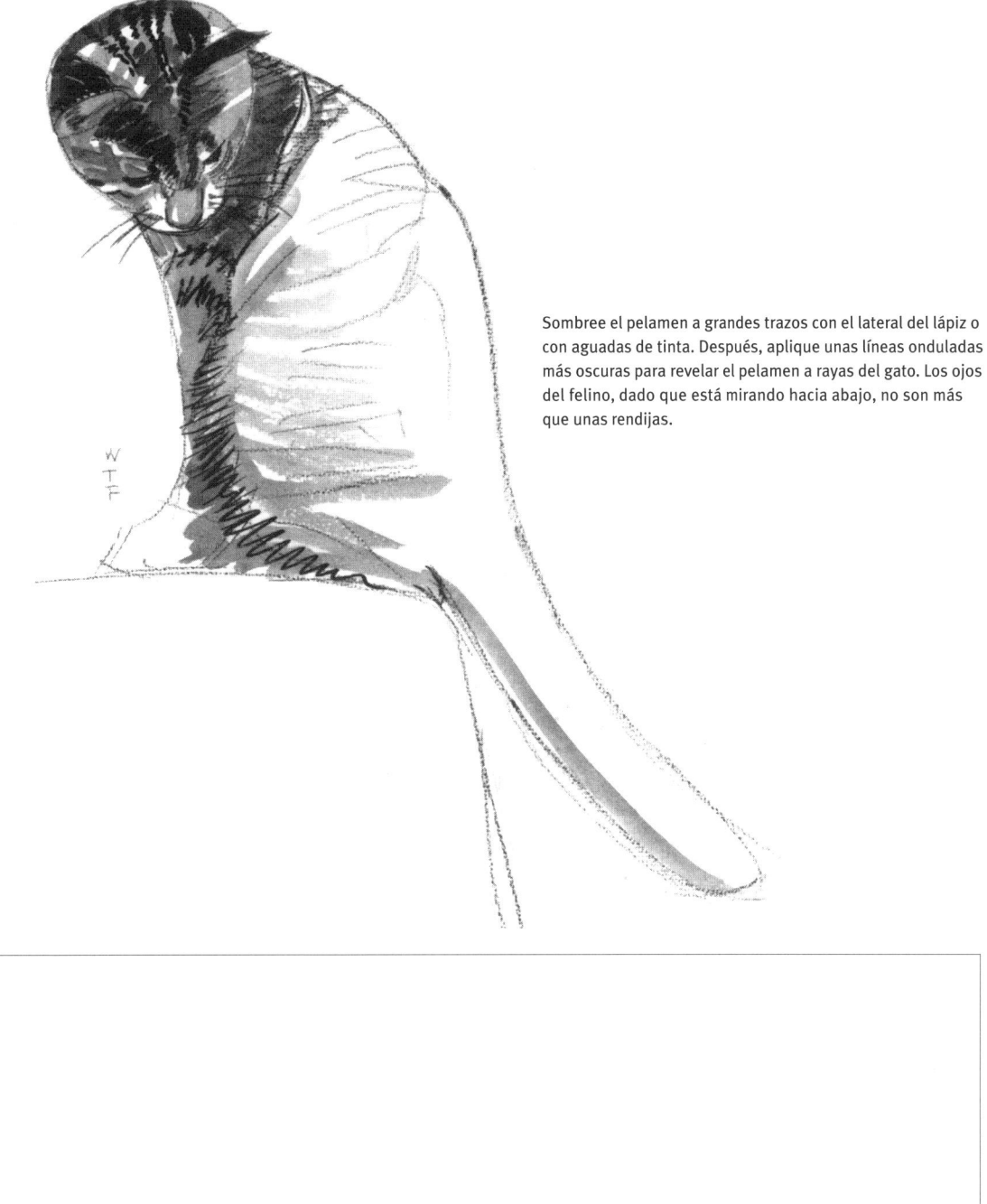

Sombree el pelamen a grandes trazos con el lateral del lápiz o con aguadas de tinta. Después, aplique unas líneas onduladas más oscuras para revelar el pelamen a rayas del gato. Los ojos del felino, dado que está mirando hacia abajo, no son más que unas rendijas.

Gorrión

Aunque a este delicado gorrión en una rama de sauce se le añadieron más detalles al final, se comenzó con las mismas figuras simples de siempre. Observe que las líneas esbozadas están sueltas y solo un tanto estructuradas. Esto ayuda a que el dibujo no tenga un aspecto rígido y artificial.

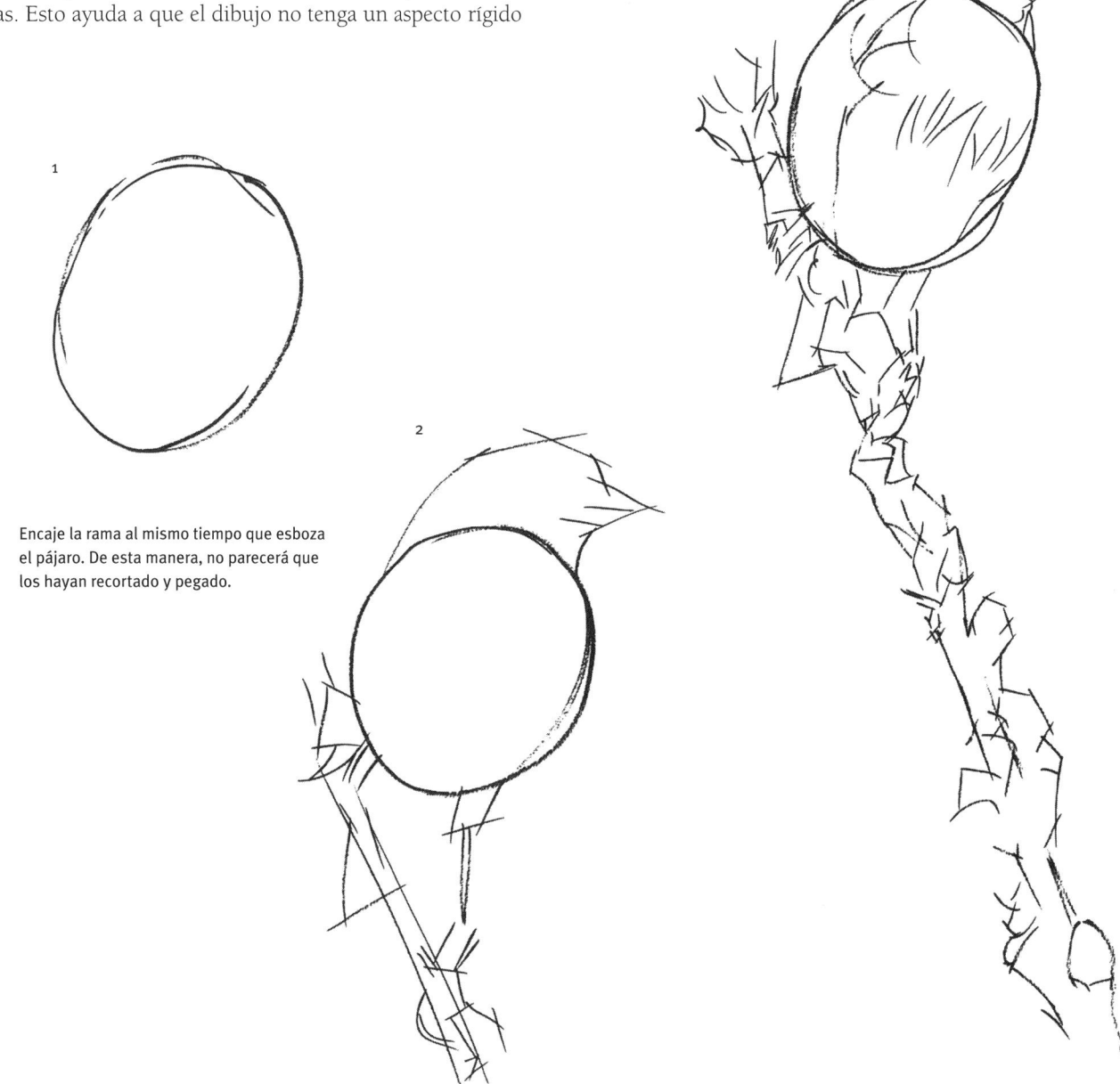

Encaje la rama al mismo tiempo que esboza el pájaro. De esta manera, no parecerá que los hayan recortado y pegado.

Comience con un óvalo; luego, esboce las figuras básicas, como se muestra en los pasos 1 y 2. Cuando se sienta cómodo con el contorno, empiece a sombrear la forma del ave con un lápiz de mina blanda, como en el paso 3. Para terminar el dibujo, estudie el ejemplo y haga unos delicados trazos que sigan la dirección en la que crezcan las plumas. Aplíquele más presión al lápiz para hacer las zonas más oscuras y deje totalmente en blanco las más luminosas. Intente usar el lateral de la mina o un pincel seco y tinta china para representar las suaves sombras del vientre.

Desde mi estudio veo un bebedero para pájaros, lo que me permite levantar la mirada en cualquier momento y obtener información práctica sobre las aves.

4

No sienta obligación ninguna de sombrear toda la rama: si usa menos detalles, añadirá interés y mantendrá la concentración en el gorrión.

W. T. F.

Canguro

En el caso del canguro, es especialmente importante que dibuje lo que vea y no aquello que espere ver. Para empezar, estudie los rasgos del animal. Observe, por ejemplo, que las orejas, la cola y los pies del canguro resultan desproporcionadamente grandes en comparación con otras partes del cuerpo. La atención a los detalles dará lugar a un dibujo definitivo más preciso.

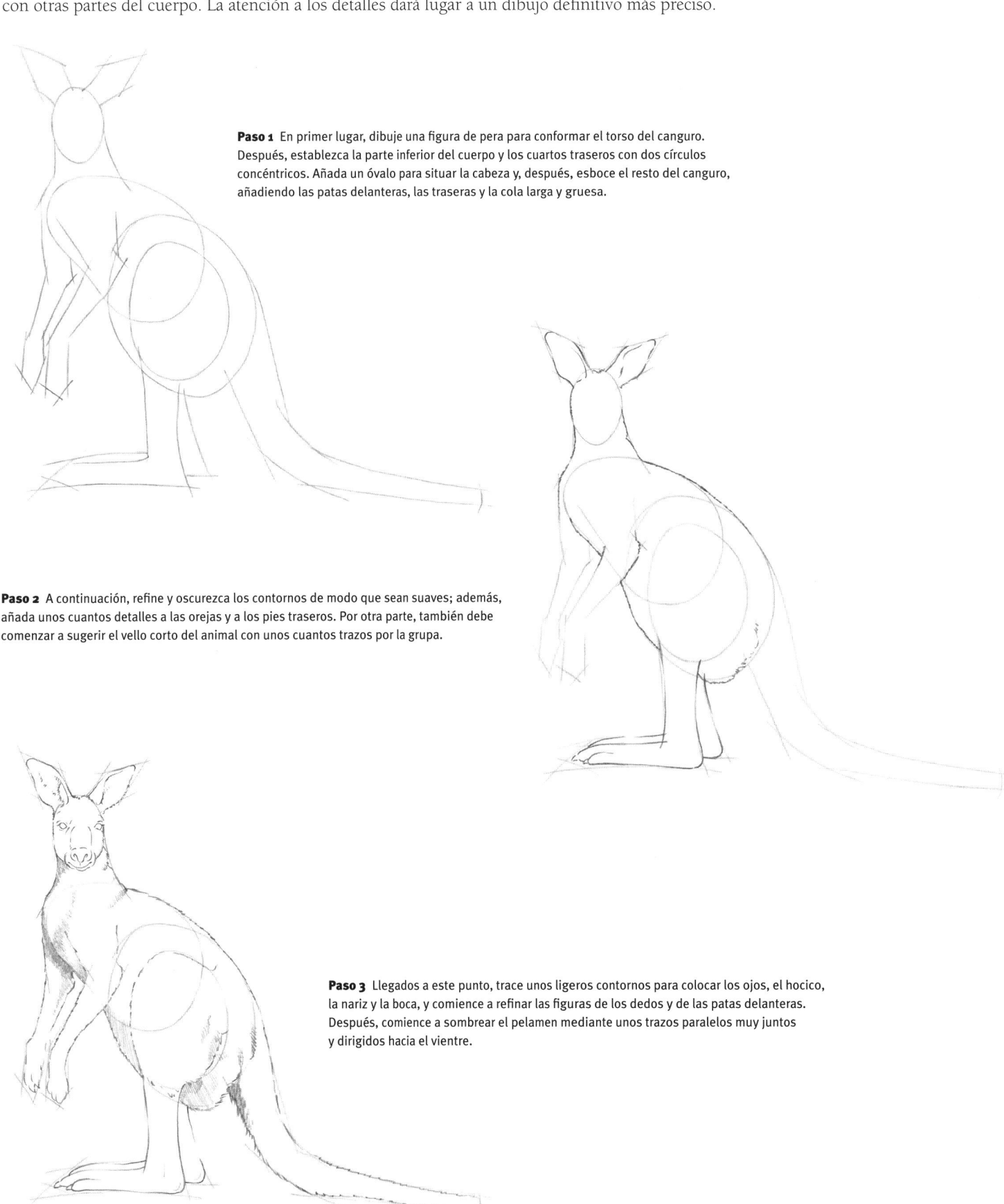

Paso 1 En primer lugar, dibuje una figura de pera para conformar el torso del canguro. Después, establezca la parte inferior del cuerpo y los cuartos traseros con dos círculos concéntricos. Añada un óvalo para situar la cabeza y, después, esboce el resto del canguro, añadiendo las patas delanteras, las traseras y la cola larga y gruesa.

Paso 2 A continuación, refine y oscurezca los contornos de modo que sean suaves; además, añada unos cuantos detalles a las orejas y a los pies traseros. Por otra parte, también debe comenzar a sugerir el vello corto del animal con unos cuantos trazos por la grupa.

Paso 3 Llegados a este punto, trace unos ligeros contornos para colocar los ojos, el hocico, la nariz y la boca, y comience a refinar las figuras de los dedos y de las patas delanteras. Después, comience a sombrear el pelamen mediante unos trazos paralelos muy juntos y dirigidos hacia el vientre.

Paso 4 A continuación, borre las líneas guía que queden del esbozo inicial y siga desarrollando la textura del pelamen. Para insinuar los músculos que se encuentran bajo el pelamen del canguro, aplique unos trazos cortos y curvos. Después, complete los detalles de las zarpas y del rostro, y rellene los ojos y la nariz. Por último, añada la sombra proyectada con unos trazos diagonales realizados con el lateral de un lápiz HB.

JIRAFA

Al dibujar jirafas, es importante que las proporciones sean las adecuadas; cuando esboce el dibujo, tenga en cuenta cómo alteraría el aspecto del animal si las patas salieran demasiado cortas o el cuello quedase demasiado ancho. Use la cabeza como unidad de medida para dibujar el resto del cuerpo con las proporciones correctas; piense, por ejemplo, a cuántas cabezas equivalen las patas y el cuello.

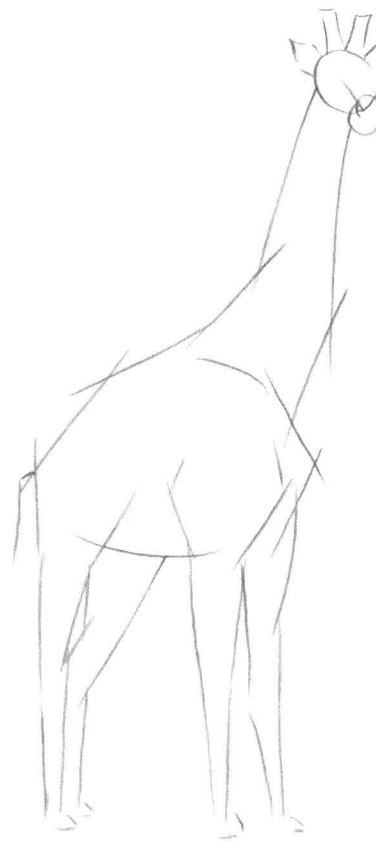

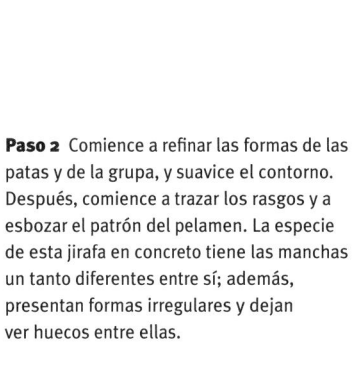

Paso 1 Para comenzar, encaje la forma básica de la jirafa mientras ajusta las líneas hasta que le satisfagan las proporciones. Observe que el cuello del animal es igual de largo que las patas, así como que los cuartos traseros presentan una pronunciada curva descendente.

Paso 2 Comience a refinar las formas de las patas y de la grupa, y suavice el contorno. Después, comience a trazar los rasgos y a esbozar el patrón del pelamen. La especie de esta jirafa en concreto tiene las manchas un tanto diferentes entre sí; además, presentan formas irregulares y dejan ver huecos entre ellas.

DIBUJAR LA CABEZA

Comience con un círculo para la cabeza y otros dos más pequeños para el hocico; añada los cuernos y las orejas. Dibuje una línea curva para la mandíbula y esboce los ojos (y las pestañas) y los detalles de la oreja por dentro. Después, refine todos los contornos y sombree el rostro; emplee un lápiz blando para las zonas oscuras y vaya cambiando la dirección de los trazos para seguir las formas.

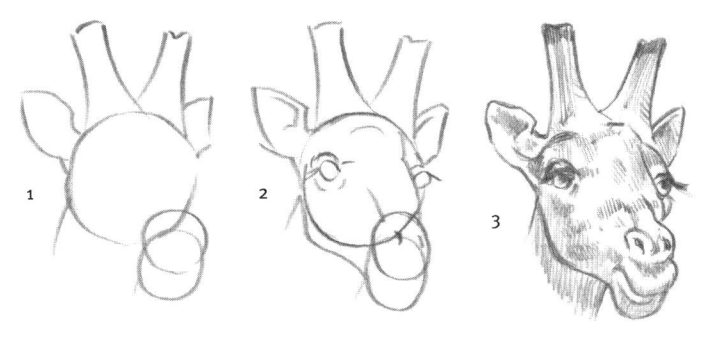

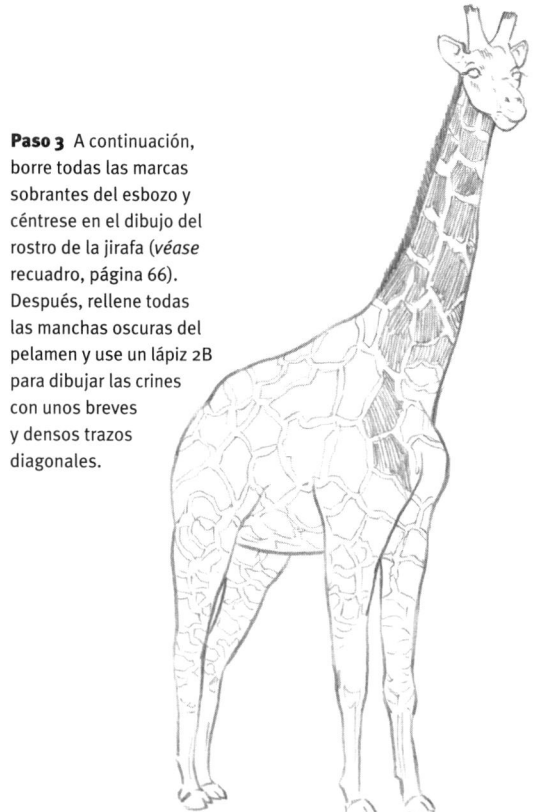

Paso 3 A continuación, borre todas las marcas sobrantes del esbozo y céntrese en el dibujo del rostro de la jirafa (*véase* recuadro, página 66). Después, rellene todas las manchas oscuras del pelamen y use un lápiz 2B para dibujar las crines con unos breves y densos trazos diagonales.

Paso 4 En este último paso, tras sombrear el rostro, añada el sombreado que hay entre el cuerpo y la cabeza de la jirafa. A fin de evitar que el animal parezca estar flotando en la página, dibuje el suelo con unos apretados trazos diagonales.

Mono bebé

Los cachorros de animales gozan de popularidad como temas de dibujo; además, este pequeñuelo resulta especialmente encantador. El cuerpo tiene forma de huevo, y la cabeza evoluciona a partir de un simple círculo. Como se ha visto en los dibujos anteriores, la mayoría de los temas pueden reducirse a figuras básicas tales como óvalos, círculos o líneas rectas. Si aprende a reconocerlas dentro de sus temas, sus habilidades mejorarán enormemente.

Use siempre un lápiz HB para esbozar las figuras.

Crear la ilusión de pelaje es todo un desafío. Tómese su tiempo cuando empiece a sombrear; use tanto el lápiz como el pincel y la tinta para hacer trazos cortos, congruentes con la forma del mono. Dele forma de punta a un borrador moldeable y, después, úselo para resaltar las luces del pelaje mediante unos toques rápidos, levantándolo al final del recorrido. Estas luces le conferirán sensación de plenitud al pelaje.

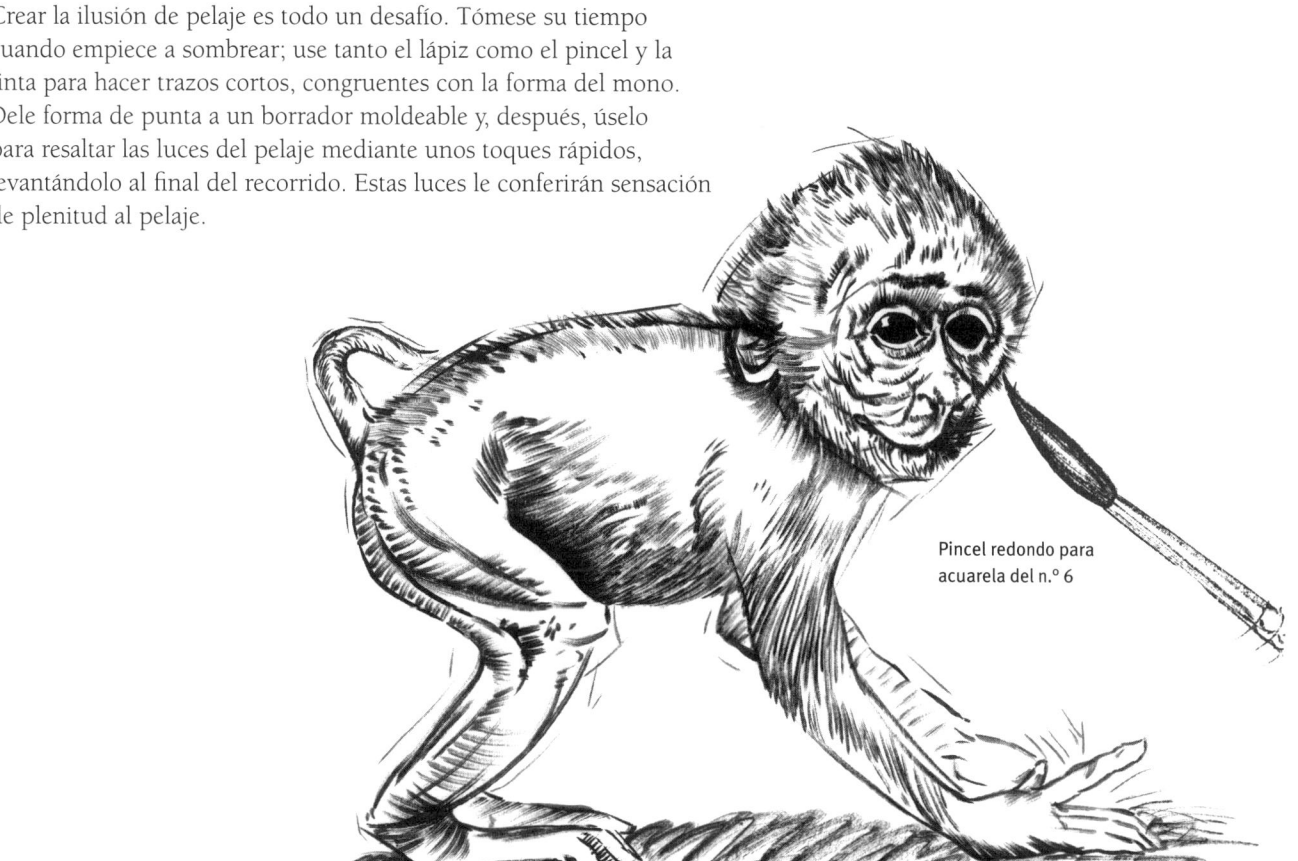

Pincel redondo para acuarela del n.º 6

GOLDEN RETRIEVER

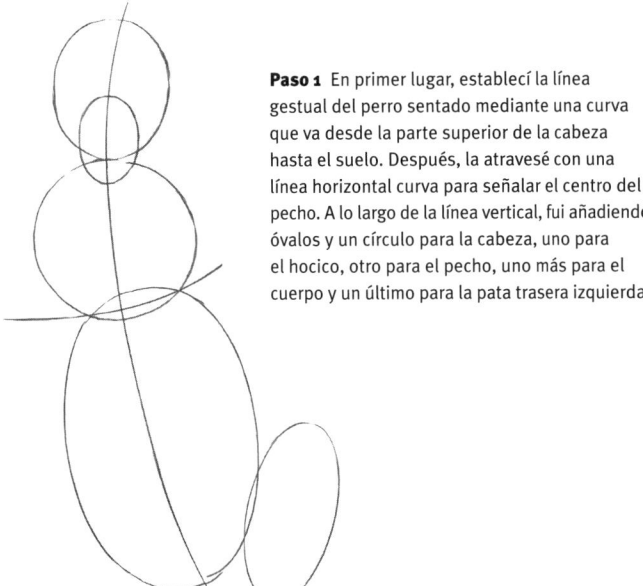

Paso 1 En primer lugar, establecí la línea gestual del perro sentado mediante una curva que va desde la parte superior de la cabeza hasta el suelo. Después, la atravesé con una línea horizontal curva para señalar el centro del pecho. A lo largo de la línea vertical, fui añadiendo óvalos y un círculo para la cabeza, uno para el hocico, otro para el pecho, uno más para el cuerpo y un último para la pata trasera izquierda.

Paso 2 Después añadí las figuras básicas de las orejas dobladas y esbocé el contorno del cuerpo alrededor de los óvalos, tras lo cual agregué las patas delanteras, las garras y la cola.

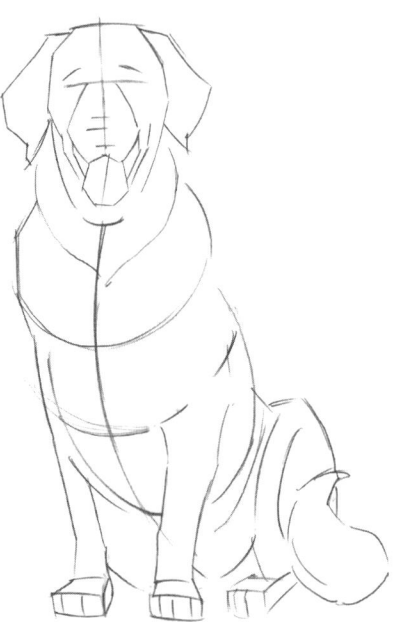

Paso 3 A continuación, borré las líneas guía iniciales del cuerpo. Después añadí unas amplias líneas curvas por el pecho y el cuerpo para sugerir redondez. También incorporé las líneas guía de los rasgos faciales; para ello, tracé una línea para los ojos situada en el tercio superior del rostro y unas líneas para la nariz, estas en la mitad inferior. Después, empleé trazos rectos para señalar los dedos.

Paso 4 Situé los rasgos faciales según las líneas guía curvas elaboradas en el paso 3; fui añadiendo marcas en forma de V sobre el pecho para las arrugas del cuello y esbocé las primeras ondulaciones del pelamen. Después, borré la línea gestual inicial y las líneas guía que quedaban.

Paso 5 Después, desarrollé la textura del pelamen con trazos dibujados en la misma dirección que la del crecimiento del pelo. Observe que el pelo de la cara es corto y que crece hacia fuera y abajo desde la nariz y los ojos. El pelo de las patas y garras delanteras también es corto, cosa que sugerí con unas rápidas marcas de trama. El resto del cuerpo está cubierto de un vello más largo, por lo que opté por usar estos trazos ondulados fluidos de distintos grosores. Por último, para difuminar un poco los trazos, les pasé un borrador moldeable en forma de cuña siguiendo la curvatura y la dirección de ellos.

EL RETRATO DE CABALLOS

Los caballos son un estupendo tema a la hora de dibujar, ya que la belleza y la elegancia inherentes con las que cuentan pueden ser muy cautivadoras. Présteles especial atención a los detalles de los ojos para, así, poder expresar la calidez y la inteligencia de esta noble criatura.

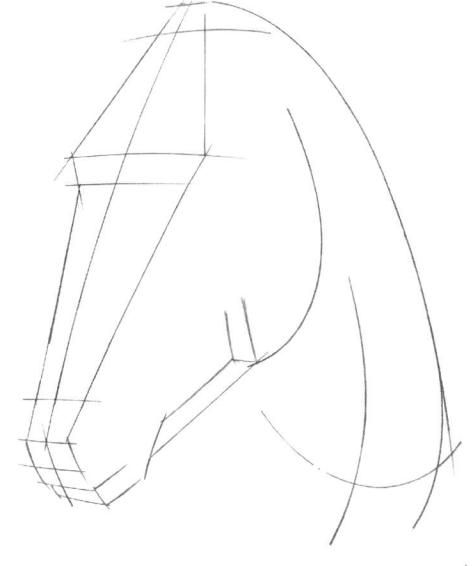

Paso 1 En primer lugar, establezca la estructura y la inclinación de la cabeza y del cuello a base de trazos largos. Después, marque varios planos con trazos horizontales y dibuje líneas guía para la ubicación de los ojos, de la nariz y de la boca.

Paso 2 Emplee las líneas guía iniciales para colocar las orejas, los ojos, las narinas y la boca (los ojos se encuentran más o menos en el tercio superior de la cabeza). Además, refine el contorno del cuello y de la mandíbula.

DETALLES DE LOS CABALLOS

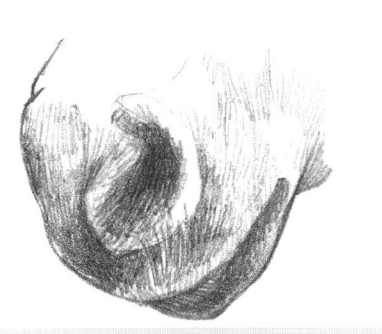

Hocico Presenta unas sutiles formas curvas que se pueden definir con un sombreado meticuloso. La zona situada alrededor de las narinas y encima de la boca está elevada: para indicarlo, emplee un borrador moldeable a fin de resaltar sus zonas iluminadas.

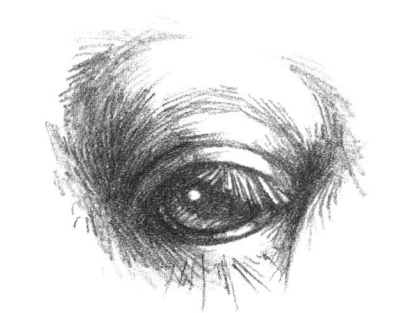

Ojo Presenta muchos detalles, tanto en los pliegues que tiene alrededor como en las largas y gruesas pestañas que lo protegen. Para dotar de vida a los ojos, deje una zona clara con forma de media luna a fin de que represente la luz reflejada, y una escueta luz blanca por encima.

Orejas Represente el pelo del copete con unos trazos largos y un tanto curvos. Después, sombree el interior de la oreja con unos trazos paralelos ascendentes, de modo que sean más oscuros por abajo y se vayan aclarando de forma gradual al acercarse al pabellón auditivo.

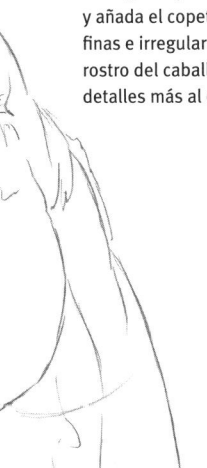

Paso 3 Después, borre las líneas guía que no necesite y añada el copete situado entre las orejas. Emplee líneas finas e irregulares para indicar los cambios en el valor del rostro del caballo. A continuación, agregue unos cuantos detalles más al ojo del animal.

Paso 4 Llegados a este punto, puede comenzar a desarrollar la textura del pelamen. A continuación, sustituya las líneas sólidas que dividen los valores del rostro del caballo por una serie de breves marcas de trama que sigan la dirección del crecimiento del pelo. Rellene el ojo y añada unos trazos largos por las crines y el copete para que contrasten con el pelo corto del pelamen.

Paso 5 Después, para elaborar las zonas oscuras del pelamen, emplee un difumino grande sumergido en polvo de grafito. Aplique trazos anchos y vaya haciendo que se desvanezcan al acercarse al cuello. Use un difumino más pequeño para agregar más detalles y sombreados alrededor del ojo y de las orejas. Por último, resalte la sensación de profundidad mediante la inclusión de unos trazos de grafito más oscuros por las sombras de las orejas y debajo de la cabeza.

IGUANA

Paso 1 El dibujo de este lagarto dispuesto a saltar lo emprendí con unas cuantas líneas gestuales trazadas a lápiz; una para cada una de las patas visibles y otra que se curva desde la parte superior de la cabeza hasta llegar a la punta de la cola. Después, encajé la cabeza y el cuerpo y creé la figura cuadrada de la boca y la nariz del animal.

Paso 2 Después, comencé el contorno de la iguana, añadiendo el colgajo de piel que se encuentra bajo el redondo pómulo y definiendo las garras y cada uno de los dedos. Fui ajustando las líneas según iba dibujando, siempre sin perder de vista que acabaría por borrar todas las marcas a lápiz al transformar el dibujo con la pluma y la tinta.

Paso 3 Llegados a este punto, rematé el contorno con una pluma de tinta resistente al agua. También incluí el patrón a rayas de la cola y los pinchos que recorren el lomo de la iguana. Empleé unos cuantos trazos para revelar la rugosa piel de la iguana así como unas cuantas líneas curvas para insinuar el aflojamiento de la piel. Una vez que se secó la tinta, borré las líneas iniciales que había trazado a lápiz.

VARIACIÓN DE VALORES CON AGUADAS DE TINTA

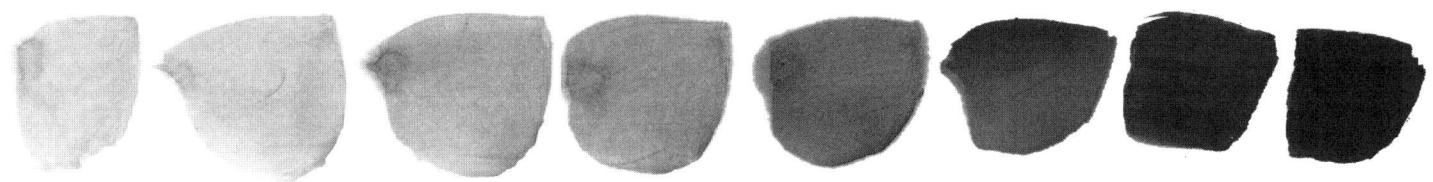

Para conseguir distintos valores, basta con ajustar la cantidad de agua que se emplee en las aguadas. A la hora de elaborarlas, lo mejor es comenzar con el valor más claro e ir desarrollando los más oscuros en lugar de añadirle agua a una aguada oscura. Para familiarizarse con el proceso de la mezcla de varios valores, elabore una tabla de valores (*véase* superior). Comience con una aguada muy diluida (*izquierda*) y vaya añadiendo más pigmento poco a poco para obtener valores sucesivamente más oscuros.

Paso 4 Después, empleé tinta diluida en agua para añadir el sombreado (como la tinta que empleé en el paso anterior es resistente al agua, no tuve que preocuparme de que se corriese al aplicarle la aguada por encima). El sombreado lo elaboré con un pincel blando de punta; para ello, comencé con unas aguadas claras y, después, fui añadiendo poco a poco los valores más oscuros, tales como los que están bajo el pómulo y en la garra izquierda (para asegurarme, fui probando todas las aguadas en un trozo de papel antes de aplicarlas al dibujo, ya que es difícil determinar el valor de las aguadas de tinta antes de aplicarlas al papel).

Gorila

Paso 1 Debido a que los gorilas adultos suelen sentarse para observar a sus espectadores, tuve tiempo suficiente para hacer unos dibujos bastante detallados. En este caso empecé por esbozar un poco algunos óvalos sueltos para delimitar las figuras de la cabeza y los hombros. Después dibujé figuras con las que sugerir los rasgos y una línea para indicar la ceja.

Paso 2 En este paso, comencé a añadir detalles a los ojos, a la nariz y a la boca. Al situar la oreja, la alineé con la ceja. A continuación, comencé a sugerir los patrones básicos del vello, para lo cual seguí las curvas del rostro y de los hombros.

Paso 3 Empleé la punta afilada de un lápiz HB para comenzar a rellenar el pelo. Al hacerlo, levanté el lápiz al final de cada trazo para, así, crear el aspecto ralo del pelo. Observe que los trazos de lápiz siempre siguen la dirección de crecimiento del pelo. Después, comencé a desarrollar los rasgos mediante técnicas de sombreado. Además, como me di cuenta de que había curvado la boca demasiado en el paso 2, aproveché para corregirlo.

Paso 4 Continué desarrollando el pelo a base de trazos ahusados, siguiendo los contornos del rostro y de los hombros pero aplicando poca presión por la parte superior de la cabeza y sobre la ceja. Luego refiné los arcos, las protuberancias y las arrugas que le confieren a este gran simio su gran expresividad facial. Después, terminé de desarrollar la oreja, de un tamaño sorprendentemente pequeño. Empleé un lápiz 2B para los valores más oscuros y los ojos, dejando en blanco el papel para las luces.

RETRATÍSTICA
LOS OJOS

Si está dando sus primeros pasos con el dibujo, lo recomendable es que practique a dibujar todos los rasgos faciales por separado y que se encargue de los problemas que encuentre en ellos antes de intentar elaborar un retrato completo. Los rasgos faciales funcionan como un conjunto a la hora de transmitirlo todo, tanto el estado de ánimo como las emociones y la edad. Présteles también atención a las zonas alrededor de los rasgos; las arrugas, los lunares y demás elementos colaboran a la hora de darle a cada sujeto un aspecto propio.

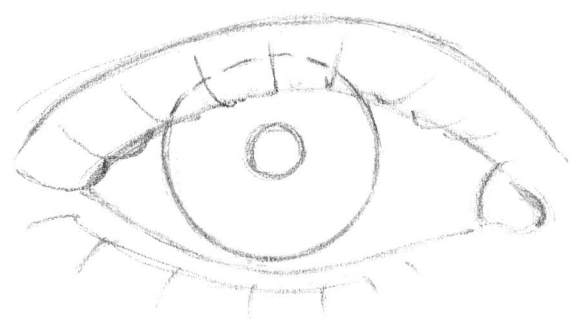

Paso 1 Primero, haga un círculo para el iris y, después, dibuje el párpado sobre él (el dibujo de objetos al completo antes de añadirles ningún elemento superpuesto se llama «dibujo profundo»). Tenga en cuenta que hay una parte del iris que siempre debe quedar tapada por el párpado.

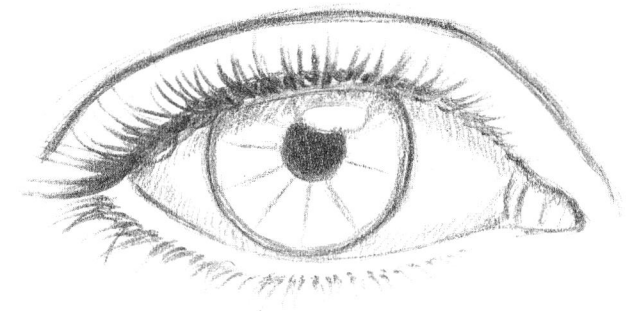

Paso 2 Empiece a sombrear el iris; para ello, trace líneas que se extiendan desde la pupila. Después, agregue las pestañas y la sombra que proyectan estas y el párpado superior en el globo ocular; mientras, vaya ocupándose de las zonas iluminadas que rodean el iris.

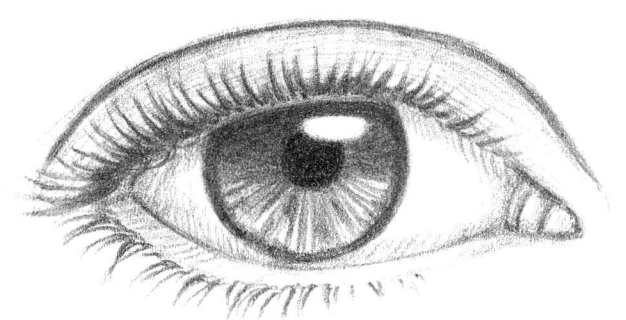

Paso 3 Siga sombreando el iris con trazos que se extiendan desde la pupila. A continuación, sombree el párpado y el blanco del ojo para añadir la forma tridimensional.

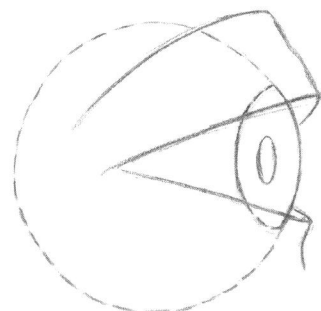

Paso 1 Primero, haga un círculo para el iris y, después, dibuje el párpado alrededor tal y como se indica. En la vista de perfil, el iris y la pupila son elipses; la parte superior y la inferior del iris están cubiertas por, respectivamente, el párpado de arriba y el de abajo.

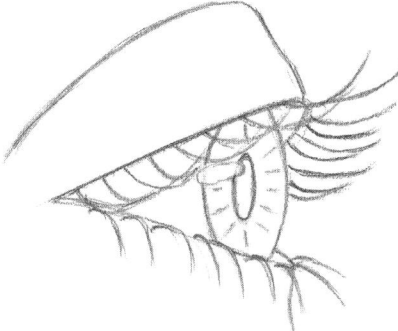

Paso 2 Para dibujar las pestañas de perfil, comience por el rabillo del ojo y trace unas rápidas líneas curvas, siempre en la dirección del crecimiento del pelo. Las pestañas más largas son las que están cerca del centro del ojo.

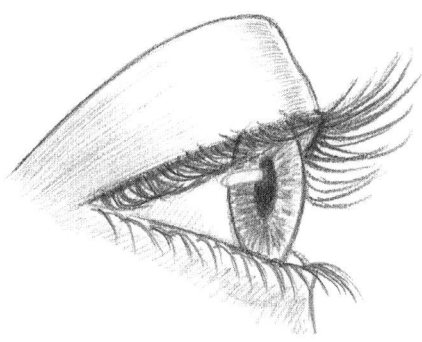

Paso 3 Al sombrear el párpado, trace unas líneas ligeras que sigan la curvatura de este. Al igual que con la vista frontal, el sombreado del iris debe extenderse desde la pupila.

Las orejas y la nariz

Dibujar narices

Para dibujar una nariz, lo primero que hago es esbozar los cuatro planos, dos para el puente y otros tantos para los lados. Después, estudio la iluminación de cada uno de ellos antes de añadir los valores oscuros y los claros. Las narinas se deben sombrear solo un poco, ya que si quedan demasiado oscuras, desviarán la atención con relación al resto del rostro.

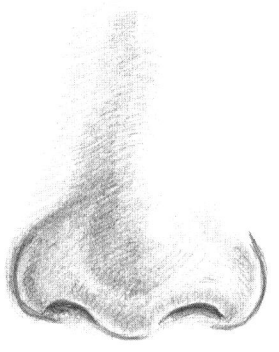

Nariz redonda

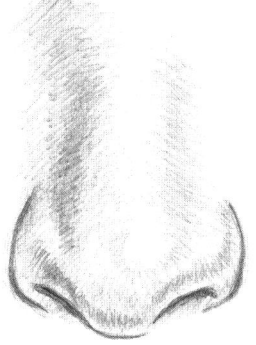

Nariz chata

Consejo del dibujante

Por lo general, las narinas de los hombres son más angulosas, mientras que las de las mujeres tienen unas curvas suaves.

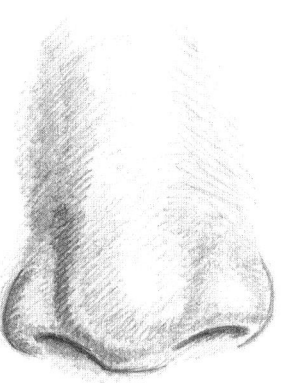

Nariz bulbosa

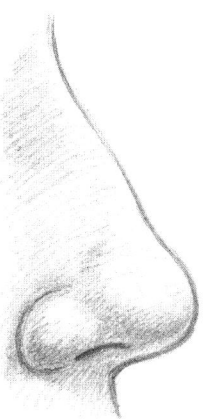

Nariz ahuecada

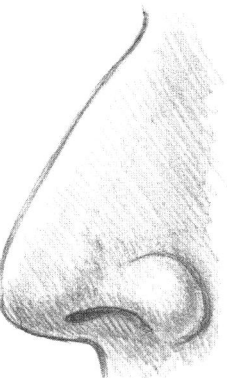

Nariz aguileña

OREJAS

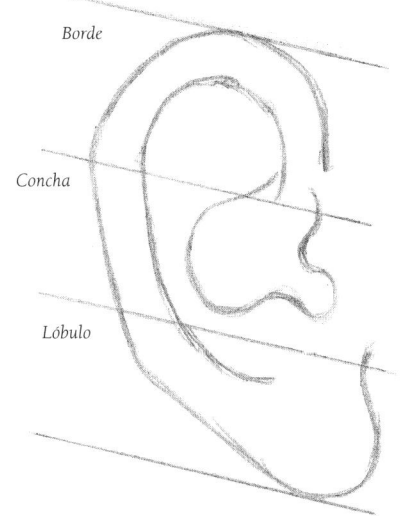

Borde

Concha

Lóbulo

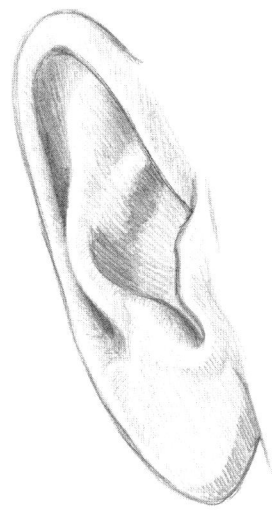

Divida la oreja La oreja tiene forma de disco y se divide en tres partes: el borde, la concha y el lóbulo.

Mida la oreja Por lo general, la oreja está unida a la cabeza con una cierta inclinación; su ancho suele ser un tercio de su longitud.

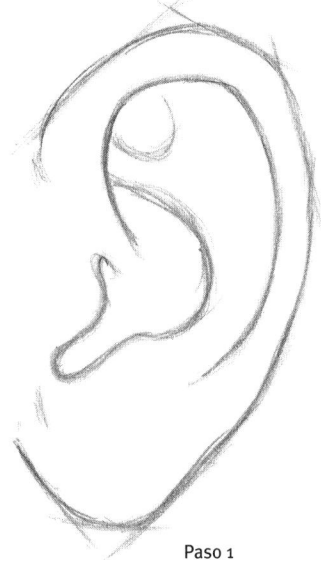

Paso 1

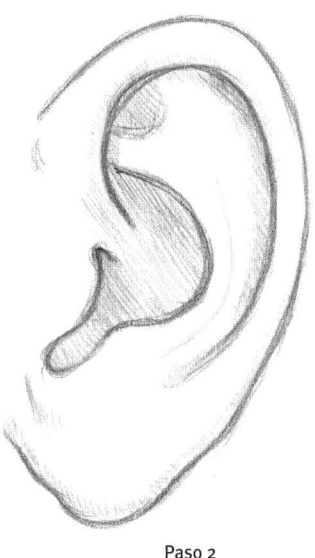

Paso 2

Desarrolle la oreja de perfil Lo primero que hago es encajar la figura general; para ello, la divido visualmente en tres partes. Después, comienzo a sombrear las zonas más oscuras y defino las arrugas y los pliegues. A continuación, sombreo toda la oreja, dejando luces en zonas clave para crear la ilusión de la forma.

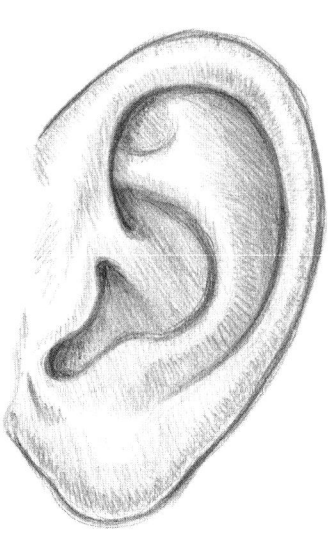

Paso 3

Los labios

Paso 1 Al dibujar labios, lo primero que hago es esbozar el contorno básico. El labio superior sobresale un poco por encima del inferior; este último, por lo general, es más carnoso que el primero.

Paso 2 Después, comienzo a sombrear en la dirección de los planos de los labios. El sombreado del labio superior se curva hacia arriba, mientras que en el labio inferior lo hace hacia abajo.

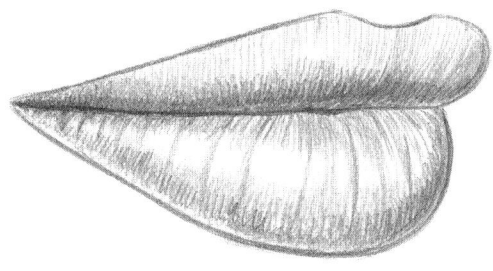

Paso 3 Continúo aplicando sombras, y dejo los valores más oscuros allí donde los labios se juntan. Destaco algunas luces para aportar brillo y forma a los labios. Las luces también dan sensación de relleno a los labios, de manera que a menudo lo mejor es incluir luces más grandes en el labio inferior, más grueso.

COMBINAR RASGOS

Paso 1 Lo primero que hago es dividir la nariz en cuatro planos para simplificarla; además, le añado un círculo en la punta para indicar su redondez. Dibujo el contorno de los labios. Para conectar la base de la nariz con la parte superior del labio, agrego un pequeño círculo. Las flechas de los labios indican la dirección en la que los sombreo.

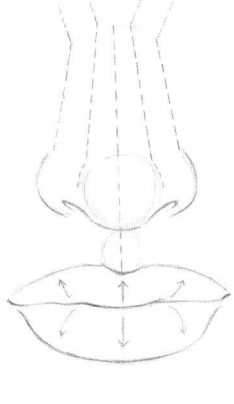

Paso 2 A continuación, sombreo un poco los lados de la nariz, las narinas y la zona comprendida entre la nariz y los labios. Comienzo a sombrear los labios en la dirección que indican las flechas del paso 1. Después, sombreo la zona oscura situada entre el labio superior y el inferior. Este paso sirve para separar los labios y darles forma.

Paso 3 Sigo sombreando para crear las formas de la nariz y de la boca. Allí donde proceda, dejo zonas más claras para que hagan las veces de áreas iluminadas y para que insinúen la luz reflejada. Por ejemplo, uso un borrador moldeable para sacar las luces del labio superior, de la punta de la nariz y del puente de esta.

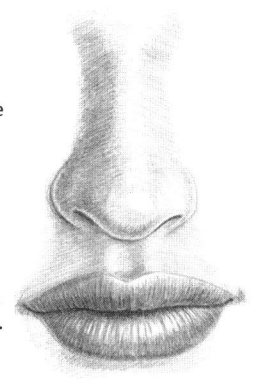

DETALLAR LOS LABIOS

Determine el grado de detallismo con el que quiera adornar sus dibujos de labios. También puede incluir líneas de sonrisa y hoyuelos (A, B y D), dibujar dientes muy definidos (A) o partes de ellos (E y F), así como elaborar unos labios cerrados (B, C y D).

OBSERVAR LAS PROPORCIONES

El conocimiento de las reglas elementales de las proporciones humanas (entendidas como los tamaños comparativos y la colocación de los distintos elementos con relación entre sí) es fundamental para poder dibujar con precisión el rostro humano. Comprender las proporciones adecuadas le ayudará a determinar el tamaño adecuado y la colocación de los distintos rasgos faciales, así como a modificarlos para que se ajusten a las características propias e individuales de su modelo.

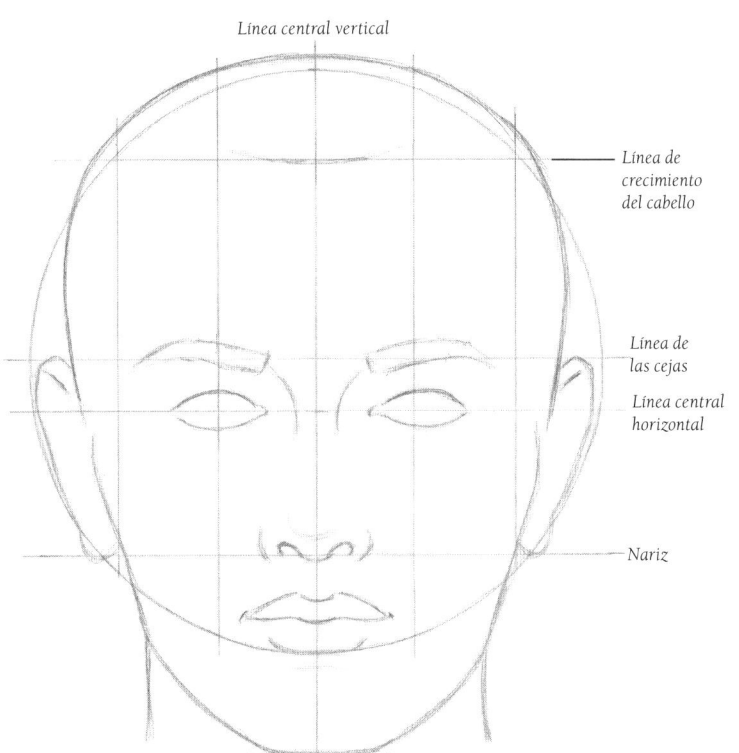

Línea central vertical

Línea de crecimiento del cabello

Línea de las cejas

Línea central horizontal

Nariz

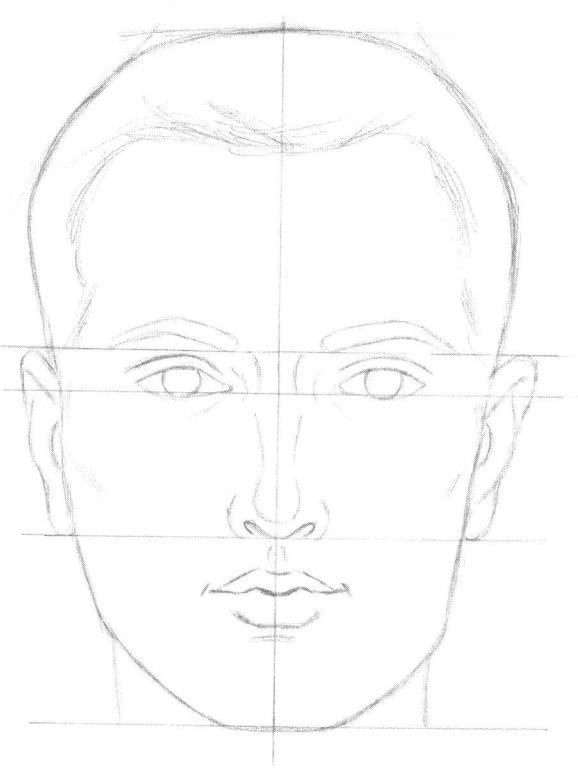

Establezca las líneas guía Visualice la cabeza como una pelota aplanada por los lados. Dicha pelota está dividida por la mitad horizontal y verticalmente, y el rostro, a su vez, se divide horizontalmente en tres partes iguales: la línea del crecimiento del cabello, la de las cejas y la de la nariz. Sírvase de estas líneas guía para determinar la ubicación y la separación adecuadas de los rasgos faciales de los adultos.

Sitúe los rasgos Los ojos se encuentran entre la línea central horizontal y la línea de las cejas. La base de la nariz está a medio camino entre la línea de las cejas y la base de la barbilla. El labio inferior se encuentra a medio camino entre la base de la nariz y la barbilla, mientras que las orejas abarcan desde la línea de las cejas hasta la base de la nariz.

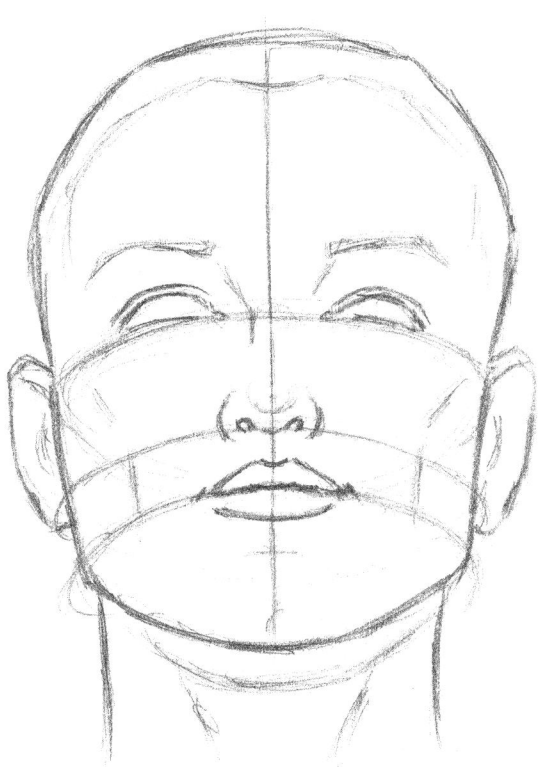

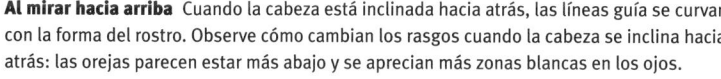

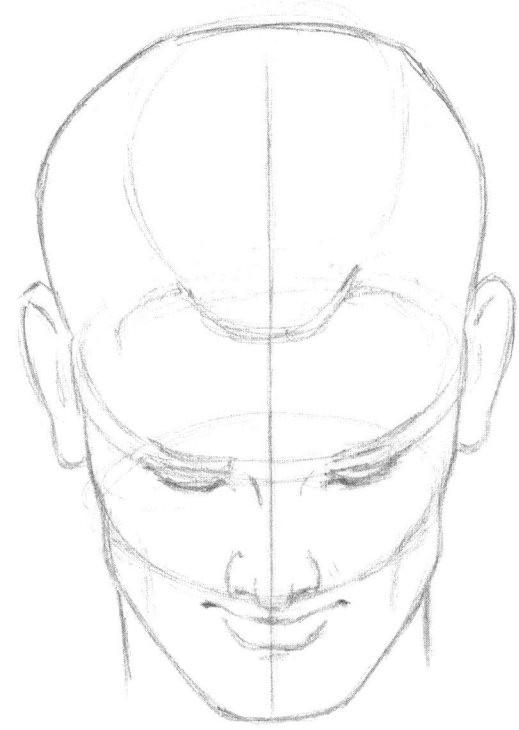

Al mirar hacia arriba Cuando la cabeza está inclinada hacia atrás, las líneas guía se curvan con la forma del rostro. Observe cómo cambian los rasgos cuando la cabeza se inclina hacia atrás: las orejas parecen estar más abajo y se aprecian más zonas blancas en los ojos.

Al mirar hacia abajo Cuando la cabeza está inclinada hacia delante, los ojos aparecen cerrados y se hace visible una parte mucho mayor de la zona superior de la cabeza. Las orejas suben, casi alineándose con la línea del pelo y siguiendo la curva de la línea guía horizontal.

ELABORAR UNA VISTA DE PERFIL

Las vistas de perfil pueden resultar muy espectaculares. Representar un único lado del rostro puede servir para poner de manifiesto los rasgos distintivos de los modelos, como pueden ser una ceja sobresaliente, una nariz respingona o una barbilla pronunciada. Dado que las partes del rostro se hacen más prominentes de perfil, procure que no haya ningún rasgo que domine la totalidad del dibujo.

Al dibujar sujetos de perfil, se les debe prestar atención a las proporciones, ya que las líneas guía faciales variarán un tanto. En la vista de perfil, se ve más parte de la zona posterior de la cabeza que del rostro, por lo que se debe dibujar la figura del cráneo como corresponda.

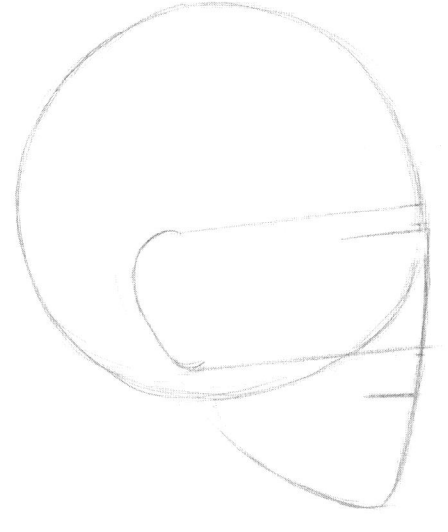

Paso 1 Tras dibujar ligeramente un círculo para la masa craneal, uso un láplz HB para encajar las formas generales del rostro, de la barbilla y de la línea de la mandíbula. Después, añado líneas guía para los ojos, la nariz, la boca y la oreja. Observo con atención mi personaje a fin de ver hasta qué punto difieren los ángulos y las posiciones de sus rasgos de los de una persona «promedio».

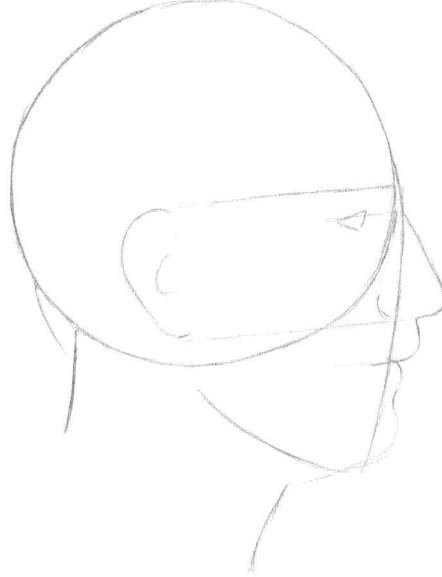

Paso 2 Siguiendo las líneas guía, esbozo de forma aproximada los rasgos, entre ellos el ligero saliente al que da lugar el labio superior de mi sujeto. Bosquejo una parte del ojo para indicar lo que se ve del iris en un perfil.

Paso 3 Cuando esbozo la ceja, presto atención al espacio que hay entre ella y el ojo; en este caso, ambos elementos están bastante cerca. Además, va más allá de la zona del lagrimal del ojo y se acerca mucho a la nariz; por el rabillo del ojo adquiere una forma ahusada. Sigo refinando el perfil mediante una cuidadosa definición de las figuras de la barbilla y del cuello.

Paso 4 En las vistas de perfil, es importante lograr un buen parecido de la línea de crecimiento del cabello, ya que influye en el tamaño y en la figura de la frente. Dado que la frente de este sujeto es muy amplia, la línea de crecimiento del cabello comienza cerca de la línea central vertical de la masa craneal. Comienzo a refinar los rasgos y a darles forma.

Paso 5 Aquí ya puede apreciarse que el dibujo comienza a parecerse de verdad al sujeto. A continuación, me paso al lápiz 2B y continúo desarrollando las formas: redondeo la nariz y la barbilla, le aplico unos ligeros y suaves trazos a la zona situada sobre el labio para hacer el bigote y sugiero el pelo con unos breves y rápidos trazos. Después, le añado más detalles al ojo y desarrollo la oreja y la ceja.

Paso 6 Sin dejar de usar el 2B, sigo desarrollando el cabello, las cejas y el bigote, siempre con trazos ejecutados en la dirección en la que crece el pelo. A continuación comienzo a sugerir las curvas y las sombras del rostro mediante el sombreado del ojo, de la oreja y de la nariz.

Paso 7 Sigo sombreando los labios y uso un borrador moldeable para sacar una zona en blanco iluminada en el labio superior. Después, sombreo más la oreja y aplico valores aún más oscuros al cabello, dejando zonas iluminadas en la coronilla, como si esta estuviera recibiendo la luz de la fuente lumínica directamente. También sombreo la frente, la nariz y la barbilla. Dejo en blanco la mayor parte de la mejilla y la zona media de la frente, lo cual sirve para indicar que la fuente lumínica procede de arriba y que está inclinada hacia el lado visible del rostro.

CAPTAR EL PARECIDO

Una vez que haya practicado el dibujo de los rasgos por
separado, ya podrá emprender un retrato completo. Emplee
el conocimiento de los fundamentos de la proporción para encajar la
cabeza y situar los rasgos. Estudie su sujeto con atención para ver en
qué medida sus proporciones faciales difieren de las de una persona
«promedio». La recreación de estas sutiles diferencias le ayudará
a lograr un mayor parecido con su personaje.

Dibujar lo que realmente se vea El dibujo a partir de fotografías nos ayuda a dibujar lo
que realmente vemos, no lo que esperamos ver, puesto que podemos cambiar el punto de
vista. Pruebe a darle la vuelta tanto a la fotografía como al dibujo mientras esté trabajando;
descubrirá que puede recrear muchas figuras con más precisión de este modo.

Paso 1 Uso un lápiz HB para esbozar el contorno general
del rostro del sujeto. Después, sitúo las líneas guía faciales
antes de esbozar los ojos, la nariz y la boca (observe que
esta ocupa en torno a una cuarta parte del rostro). También
esbozo la figura del pelo, incluido el flequillo.

Paso 2 Me paso al lápiz 2B para indicar la redondez de los
rasgos faciales. Comparo mi bosquejo con la fotografía a
menudo, asegurándome de haber captado los elementos
que hacen que esta persona sea única, tales como el
levantamiento de la nariz, la asimetría de los ojos y la
amplitud de la sonrisa.

CENTRARSE EN LOS RASGOS

Este dibujo es de la misma joven
aunque con un peinado, una expresión
y una postura diferentes. Aunque está
disfrazada, aún se puede reconocer
que es la misma persona, puesto que
he sido fiel a las características faciales
específicas del individuo.

Paso 3 Borro las líneas guía y, después, comienzo a sombrear; para ello, sigo la forma del rostro con un lápiz 2B y difumino un poco a fin de producir la suavidad de la piel. Después, elaboro los dientes y señalo levemente la separación que hay entre ellos con unas líneas incompletas. A continuación, me paso al lápiz 3B y añado más mechas oscuras de cabello.

Paso 4 Para representar la suavidad y el brillo del cabello, empleo un lápiz 4B, con el que aplico valores más oscuros. Varío la longitud de los trazos para dibujar unos cuantos trazos en las zonas de la coronilla que había dejado en blanco para que hicieran las veces de luces: de este modo, produzco una transición gradual de lo iluminado a lo oscuro.

Trabajar con la iluminación

La iluminación es muy importante para la sensación general del retrato: puede influir en el tono o la atmósfera de su dibujo, ya que la luz intensa genera dramatismo, mientras que la suave produce una sensación más relajada. Puede afectar a las sombras y provocar contrastes más intensos entre los valores claros y los oscuros. Recuerde que las luces más claras estarán donde incida su fuente lumínica, y las sombras en el lado contrario de la fuente de luz.

A contraluz En este caso, la fuente lumínica procede de detrás del sujeto, lo que hace que la cara esté a la sombra pero que el cabello esté iluminado. Cuando dibuje un sujeto a contraluz, intente dejar algunas zonas de papel en blanco alrededor de los bordes de la cabeza, ya que así evitará que el cabello tenga un aspecto rígido y poco realista y, además, hará que se distinga del fondo.

Paso 1 Bosquejo las figuras básicas de la cabeza, del cuello y del cabello con un lápiz HB. Dado que la cabeza de mi sujeto está girada en una vista de tres cuartos, curvo las líneas guía alrededor de la cara como corresponde. A continuación, bosquejo ligeramente los rasgos faciales, indicando la redondez de la nariz y de la barbilla.

Paso 2 Me paso al lápiz 2B para definir los rasgos faciales y rellenar las cejas. También esbozo unos cuantos pliegues cerca de la boca y en torno a los ojos. A continuación, añado el cuello y el botón de la camisa.

Paso 3 Empleando un 2B y consultando con frecuencia mi fotografía, sombreo el lado derecho de la cara: primero aplico una capa de trazos ligeros y breves; luego vuelvo y aplico una capa de trazos más largos pero también ligeros. Aplico trazos largos y los escalono en la parte superior de la cabeza para producir una forma desigual y más realista.

Paso 4 Sin dejar el lápiz 2B, sigo sombreando la cara y empleo valores más claros por el lado izquierdo para indicar que la fuente lumínica procede de este lado del sujeto. También refino el ojo izquierdo y dejo el derecho más a la sombra. Sombreo el cuello de modo que también su lado derecho sea un poco más oscuro. A continuación, le doy más definición al cabello; al hacerlo, dejo un poco de espacio en blanco alrededor de los bordes para sugerir que la luz penetra a través de él.

DEL NATURAL

Tener modelos que posen para nosotros para hacer dibujos del natural es una excelente manera para practicar. Al dibujar del natural, se tiene control sobre la forma en que se iluminan los modelos: si estamos en un interior, podemos colocar la fuente lumínica a nuestro gusto; si estamos al aire libre, podemos reposicionar al modelo hasta que nos satisfaga.

Creación de una disposición cómoda Cuando emplee modelos vivos, asegúrese de que estén cómodos y en una posición que puedan mantener durante un tiempo. Programe descansos cortos cada 30 minutos para que tanto usted como sus modelos puedan tomarse un respiro.

Paso 1 Esbozo las figuras básicas de la cabeza con un lápiz HB. Dado que la cabeza de mi modelo está girada en una vista de tres cuartos, curvo un poco hacia la derecha las líneas guía verticales. Empleo las líneas guía para esbozar los ojos, la nariz y la boca. A continuación, insinúo el cuello.

Paso 2 Empleo el mismo lápiz HB para escorzar el ojo izquierdo del sujeto, de modo que sea un poco más pequeño que el derecho. Dibujo solo una narina y hago la boca más pequeña por el lado izquierdo. Al hacer que los elementos más cercanos sean más grandes, hacemos ver que la cara está inclinada hacia el espectador.

Paso 3 Dejo que mi modelo se tome un pequeño descanso para relajarse y estirarse mientras compruebo las proporciones de mi dibujo. Cuando me convence la colocación de los rasgos, comienzo a desarrollar los ojos, la nariz, la boca y las cejas. Observo qué lleva puesto mi modelo (un collar y una camisa de volantes) y comienzo a dibujar los detalles con precisión.

Paso 4 Comienzo a sombrear el rostro por las partes más oscuras; al hacerlo, miro con frecuencia a mi modelo para ver dónde se encuentran las sombras. Empleo un lápiz 2B para desarrollar el cabello variando la longitud de mis trazos y dejando algunas zonas casi en blanco para indicar las luces. A continuación, sombreo el cuello con unos ligeros trazos horizontales.

Paso 5 Tras otro corto descanso, uso un lápiz 3B para añadir valores aún más oscuros al cabello y dejo las zonas más claras de la parte superior de su cabeza para indicar que la luz procede directamente de arriba. Luego, observando a mi modelo para localizar los valores más claros que haya en su rostro, utilizo un borrador moldeable para sacar algunas luces y suavizar los trazos demasiado oscuros, con lo que le suavizo la piel.

DIBUJAR BEBÉS

Dibujar bebés puede resultar difícil porque es fácil hacerlos parecer mayores de lo que son. Debido a que el rostro se alarga en proporción al cráneo con la edad, cuanto más joven sea el niño, más bajos quedan los ojos en la cara. Además, los ojos de los bebés son desproporcionadamente grandes en comparación con el resto del cuerpo.

Paso 1 Uso un lápiz HB para encajar la masa craneal y las líneas guía faciales. Como la cabeza está inclinada hacia abajo y girada un tanto hacia la izquierda, ajusto las líneas guía como corresponde. Coloco las cejas en la línea central horizontal y los ojos en la mitad inferior del rostro.

Paso 2 A continuación, uso un lápiz B para crear el fino cabello a base de trazos cortos. Dibujo la boca abierta con el labio inferior apoyado en la barbilla. Luego, añado los grandes iris, que ocupan la mayor parte de los ojos, y sugiero la naricita. Dibujo una línea curva bajo la barbilla para sugerir rechonchez; después, indico los hombros y omito el cuello.

Paso 3 Borrando las líneas guía mientras dibujo, añado con un lápiz B las pupilas y las luces de los ojos. Bosquejo ligeramente más el pelo y las cejas, y, luego, sombreo bajo la barbilla para darle forma. También sombreo el interior de las orejas. Luego conecto y refino los labios, sombreando las comisuras respingonas para sugerir la boca gordita. Sombreo su interior de forma que se vea que no hay dientes; luego, defino más el cuello de la camiseta.

Paso 4 Con un lápiz 2B, sombreo los iris y, a continuación, vuelvo a ellos y aclaro las luces con un borrador moldeable. Dibujo más trazos suaves por el pelo y las cejas; tras esto, sombreo los labios y la tez. Para enfatizar la boca gordita, sombreo con suavidad las líneas de la sonrisa y, por último, añado unas líneas curvas al cuello de la camiseta.

Dibujar los rasgos faciales de los bebés

Los bebés suelen tener expresiones de curiosidad y perplejidad. Intente curvar las cejas hacia arriba para transmitir la apariencia de la curiosidad infantil; saque luces en cada ojo para conferirle vida y atractivo a su dibujo. Los labios de los bebés tienen un aspecto suave y regordete, y la boca no suele ser tan ancha como la de los adultos. La adición de luces es importante para transmitir una textura suave; además, la creación de pliegues en las comisuras de la boca ayuda a sugerir la rechonchez infantil.

Paso 5 Continúo sombreando la cara y, luego, añado otra capa ligera de sombreado a los labios. Uso el borde de un borrador moldeable para sacar una luz en el labio inferior. Después, dibujo unas cuantas pestañas muy leves. Creo valores más oscuros en el pelo y las cejas y redondeo el contorno de la cara. También sombreo un poco la camiseta. A continuación, me alejo del retrato para ver si he representado correctamente la redondez de las mejillas, de la barbilla, de los ojos, de la nariz y de la boca. Uso un difumino para mezclar las transiciones de mi sombreado para que, así, la tez del bebé sea suave.

Dibujar el cabello

Existen muchos tipos de cabello y de cortes de pelo: grueso y fino; largo y corto, rizado, liso, ondulado e incluso trenzado. Como el cabello suele ser uno de los rasgos más distintivos de los individuos, es esencial saber cómo representar los diferentes tipos y texturas. A la hora de dibujar el cabello, no intente dibujar cada uno de los mechones: lo que se debe hacer es crear una impresión general y dejar que la vista y la imaginación del espectador completen el resto.

Paso 1 Empleo un lápiz HB para esbozar la figura de la cabeza y colocar los rasgos. Después, aplico unos trazos sueltos para encajar el contorno general del cabello. Comenzando por la parte izquierda de la cabeza, dibujo un poco el pelo en la dirección del crecimiento a cada lado. Durante esta etapa, me limito a indicar la figura del cabello; no me ocupo todavía de los tirabuzones individuales.

Paso 2 Me paso a un lápiz 2B y comienzo a refinar los ojos, las cejas, la nariz y la boca. Luego defino el cuello de la camiseta mediante unas líneas curvas que siguen la forma del cuerpo. Volviendo al cabello, bosquejo un poco algunas secciones de tirabuzones, trabajando de arriba abajo. Comienzo a añadir valores oscuros debajo y detrás de ciertas secciones de cabello, creando contraste y profundidad (*véase inferior*).

Dibujar tirabuzones

Paso 1 En primer lugar, esbozo las figuras de los tirabuzones mediante unas líneas serpenteantes. Me aseguro de que no sean todos iguales: algunos son más gruesos que otros.

Paso 2 Para darles formas a los tirabuzones, entrecierro los ojos para encontrar los valores oscuros y los claros. Dejo más clara la parte superior de los tirabuzones y añado un poco más de sombra conforme avanzo por ellos.

Paso 3 Para crear los valores más oscuros bajo el cabello, aplico unos trazos juntos.

Paso 4 Agrego valores aún más oscuros, asegurándome de que mis transiciones del valor sean suaves y de que no haya cambios de dirección bruscos.

Paso 3 Sombreo el rostro, el cuello y el pecho con trazos lineales que se extienden por el ancho del cuerpo. Luego defino los ojos, los labios y los dientes, y añado el hombro y la manga de la camiseta. Después, sigo trabajando con valores más oscuros por el interior de los tirabuzones y dejo algunas zonas del cabello en blanco para sugerir el rubio. Aunque el cabello se detalla mucho más en esta etapa final, me sigo limitando a indicar su masa general de modo que la vista del espectador complete la escena. Por último, dibujo algunas mechas sueltas a lo largo de los bordes del cabello, dejando los valores más claros en la parte superior de la cabeza del modelo.

CREAR VELLO FACIAL

El vello facial es otra de las características que distingue a unos individuos de otros. Los trazos cortos y oscuros son perfectos para representar barbas pobladas, mientras que los claros y amplios son idóneos para crear bigotes ralos. Experimente con variaciones de líneas claras y oscuras al dibujar una barba entreverada de canas y utilice una serie de líneas rápidas y cortas para representar las barbas incipientes.

El dibujo profundo Cuando dibujamos un rostro parcialmente oculto por el vello facial, es importante dibujar primero toda la cabeza (es decir, realizar un «dibujo profundo») y, luego, agregar el cabello, la barba y los accesorios (como el sombrero). Aunque no sea visible toda la cabeza, hay que dibujarla con precisión para que el sombrero se coloque correctamente.

Paso 1 En primer lugar, esbozo las figuras del rostro con un lápiz HB. Después, coloco las líneas guía y los rasgos faciales. A continuación, dibujo el sombrero, sin omitir la banda. Encajo las masas del cabello, del bigote y de la barba con unas líneas curvas sueltas. Al igual que cuando se dibuja cualquier otro tipo de vello, en esta etapa me limito a indicar las figuras generales.

Paso 2 Me paso a un lápiz 2B para refinar los ojos, las cejas y los dientes. Añado arrugas alrededor de los ojos y por la frente; luego, desarrollo el sombrero, esbozo el cuello de la camisa y dibujo los tirantes. A continuación vuelvo al cabello, indicando los rizos mediante trazos circulares. Trabajando de arriba abajo, relleno la parte superior del pelo, y, luego, desarrollo el bigote, el cual cubre parte de la boca.

CENTRARSE EN LAS BARBAS

Al dibujar una barba blanca, como la del ejemplo, se agrupan varias líneas para crear la forma, pero se dejan algunas áreas en blanco. Intente dibujar los trazos en diferentes direcciones, ya que, así, aportará interés y movimiento. También es buena idea superponer el sombreado un poco en la zona en la que la piel y el vello se tocan, ya que de este modo indicamos que puede verse la piel a través de la barba.

Paso 3 Tras borrar las líneas guía, incorporar las gafas y definir los ojos, sombreo el sombrero y aplico una trama cruzada (*véase* página 3) para crear un patrón para la banda. Empiezo a representar los rizos cortos y apretados de la barba y del bigote. Añado valores más oscuros a los rizos del lado izquierdo de la cara para separarlos y, también, representar la sombra proyectada del sombrero.

Paso 4 Añado una capa de sombreado a los iris de modo que haya luces blancas en cada ojo. Valiéndome del borde de un borrador moldeable, saco una luz en cada lente de las gafas para representar la luz reflejada. Aplico más sombreado al sombrero para conferirle un aspecto más tridimensional; luego, sombreo los tirantes y la camisa. Por último, termino los rizos del cabello y de la barba; al hacerlo, alterno entre líneas curvas apretadas y líneas rectas rápidas. Las líneas más cortas y definidas las reservo para el bigote y la zona que rodea la boca, dejando la mayor parte de la barba a la imaginación del espectador.

BODEGONES
ROSA CON GOTAS DE AGUA

Son muchos los dibujantes principiantes que creen que es muy difícil dibujar rosas y, por lo tanto, las dejan de lado. Sin embargo, al igual que sucede con cualquier otro objeto, la rosa se puede desarrollar paso a paso a partir de sus figuras más básicas.

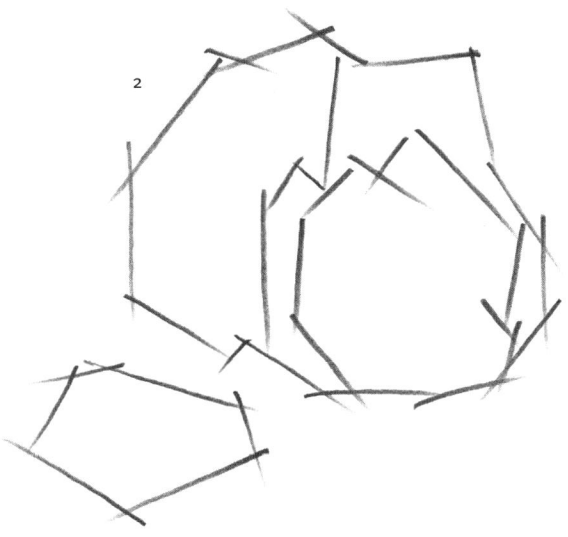

Establecer líneas guía
Emplee un lápiz HB para encajar las figuras generales de la rosa y de los pétalos mediante una serie de líneas angulosas. Procure trazar todas las líneas guía con suavidad; así no le costará borrarlas o taparlas más adelante.

Proseguir
Continúe añadiendo líneas guía para el interior de la flor; al hacerlo, siga los ángulos de los bordes de los pétalos.

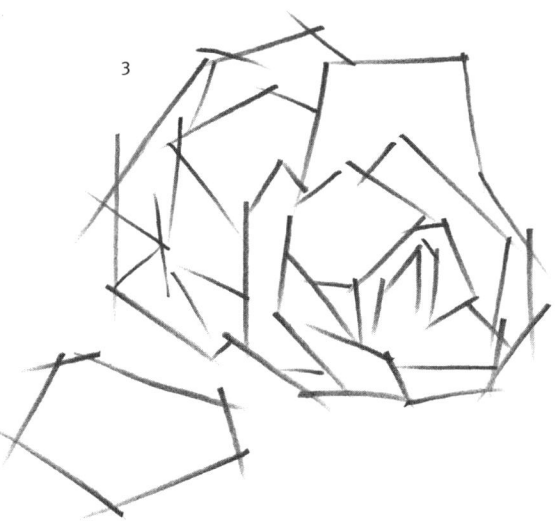

Añadir valores
Comience a sombrear. Los trazos de cada uno de los pétalos deben ir desde el interior hacia el borde exterior.

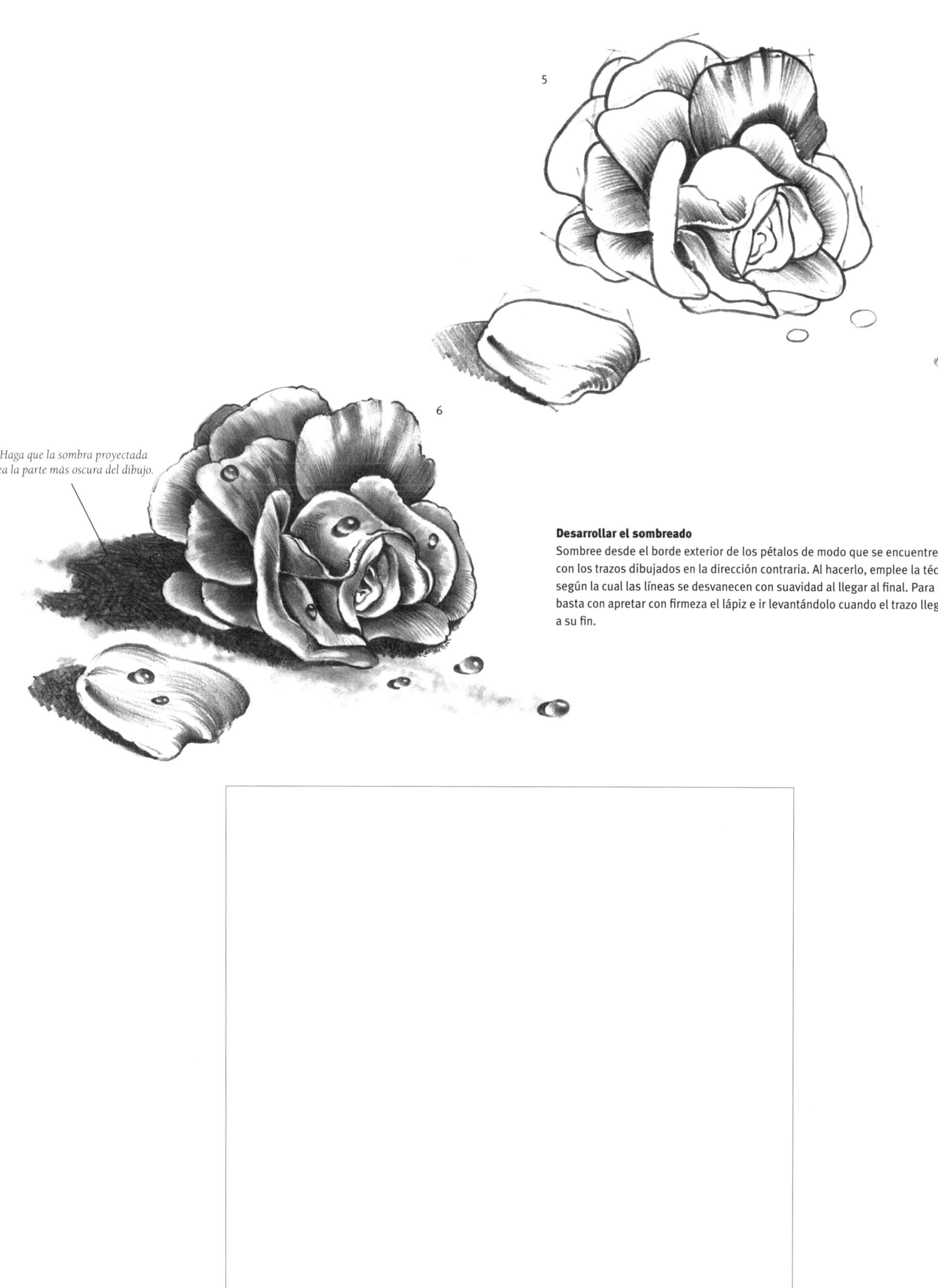

Haga que la sombra proyectada sea la parte más oscura del dibujo.

Desarrollar el sombreado

Sombree desde el borde exterior de los pétalos de modo que se encuentre con los trazos dibujados en la dirección contraria. Al hacerlo, emplee la técnica según la cual las líneas se desvanecen con suavidad al llegar al final. Para ello, basta con apretar con firmeza el lápiz e ir levantándolo cuando el trazo llega a su fin.

REPRESENTAR TEXTURAS

Una de las mejores formas de aprender a crear distintas texturas es el dibujo de bodegones con objetos que tenga por casa. Reúna objetos con distintas texturas y colóquelos de modo que formen una composición dinámica. Para este proyecto, he seleccionado objetos de madera, cristal, plata, tela, líquido y porcelana. Cuando siga los pasos de las páginas 108 y 109, consulte los recuadros (*inferior* y *derecha*) para ver mejor las luces y los trazos individuales del lápiz.

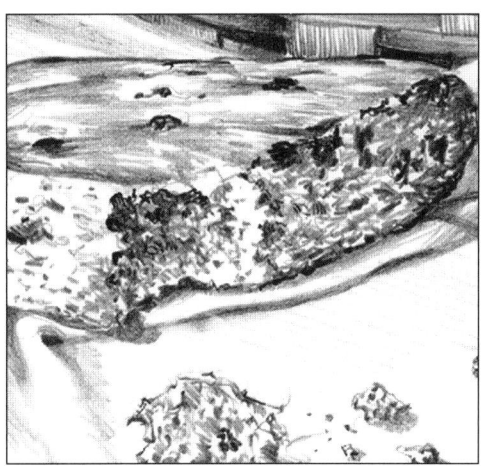

Bollo desmenuzado Empleé trazos largos rectos ejecutados con un lápiz HB para representar la parte blanda del bollo, mientras que para el borde tosco y el trozo roto empleé trazos de trama con distintos valores y en varias direcciones. Para las sólidas masas de pasas de Corinto de dentro del bollo, que son más oscuras, empleé un lápiz 2B.

Cristal La mejor forma de indicar la textura o la superficie de un cristal transparente es no dibujarlas de ningún modo, sino limitarse a sugerir unas zonas luminosas y oscuras seleccionadas. Para realizar esta suave superficie, empleé la punta y el lateral de un lápiz HB y fui variando los valores levemente. Observe que el cristal, además, distorsiona la superficie elíptica del líquido por el borde izquierdo.

Plata Para crear la ilusión del metal, lo más importante es una colocación meticulosa de las luces. Observe que la brillante cuchara absorbe las zonas oscuras y refleja la luz hacia un lateral de la taza de café. Empleé un lápiz HB para las zonas de medios tonos y las suavicé con un difumino. A continuación, empleé un lápiz 2B para desarrollar las zonas oscuras.

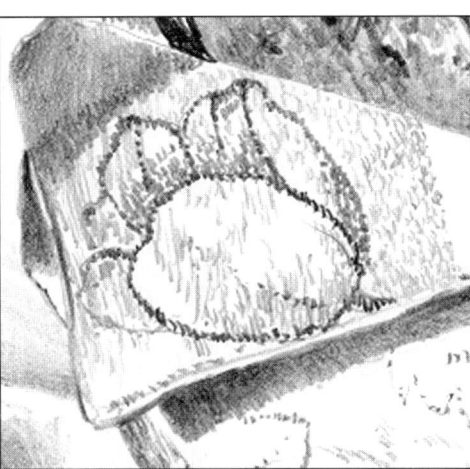

Cesto Para imitar la textura del cesto, empleé un lápiz HB afilado y realicé trazos verticales para el tejido vertical y trazos horizontales para el horizontal. Comencé los trazos al final de cada segmento y fui avanzando hacia la zona intermedia; al hacerlo, apreté con fuerza al comienzo de cada trazo y fui levantando el lápiz al final.

Tela Para realizar el pequeño y denso tejido del paño, empleé una serie de breves trazos direccionales con la punta roma de un lápiz HB. Aunque hice uso de los mismos trazos para la sombra proyectada, son más oscuros y están más juntos. A fin de replicar la flor estampada, varié la presión del lápiz y la densidad de los trazos.

Líquido Aunque el café es oscuro, la luz del lateral de la taza se refleja en su superficie. Observe que, además, hay varias zonas del café oscuro en las que se dan cambios del valor. Tras establecer las zonas oscuras del café y los valores medios y claros de la taza, empleé un borrador moldeable para sacar las luces de la superficie del café.

Miniatura La composición de este bosquejo en miniatura la desarrollé con objeto de comprobar que quedase bien en dos dimensiones.

ARREGLO FLORAL

El empleo de varias técnicas distintas nos convierte en dibujantes más versátiles. Así las cosas, este dibujo está ejecutado de una forma menos precisa que el anterior. Comience con un lápiz HB para dibujar levemente las figuras básicas de este arreglo floral.

Este esbozo permite ver los trazos del sombreado de los pétalos de la flor y de las hojas. Procure no añadirle demasiados detalles al dibujo en este paso.

Como se puede apreciar en este primer plano, la sombra proyectada necesita un difuminado lo más suave posible. Emplee el lateral de un lápiz HB para situar las sombras; después, use un difumino para difuminarlas con suavidad.

3

Este dibujo está ejecutado con un estilo impreciso tipo bosquejo. Hay veces en las que este tipo de acabado resulta más agradable que los que rezuman detalles.

Líquido y copa

Para elaborar este dibujo hace falta una planificación más meticulosa que la del anterior. Está realizado en papel brístol de acabado liso. Use un lápiz HB para la mayor parte del dibujo y opte por un 2B para las oscuras sombras. Para la textura del fondo, es recomendable emplear un lápiz plano para bosquejos.

En el paso 1, esboce las figuras básicas de la copa, del líquido y de las flores. En el paso 2, añada más detalles y comience a sombrear la copa y las zonas líquidas. Tómese el tiempo que necesite y procure que los bordes sean nítidos.

En el paso 3, a la hora de dibujar el fondo, use la mina plana de un lápiz para esbozos a fin de hacer que dicho fondo sea más oscuro que las sombras proyectadas. Observe el patrón de luces y sombras que se encuentra en la sombra proyectada.

Guíese por las flechas de abajo para realizar el sombreado. Deje el blanco el papel para las zonas en las que quiera que haya luces. Dichas zonas iluminadas ayudan a sugerir el paso de la luz a través del fuste de la copa, lo que da lugar a dotar a este elemento de un aspecto transparente.

4

Una vez que haya completado estos pasos, emplee el dibujo definitivo a modo de guía para rematar las luces y las sombras. Si manchara por accidente las luces con el lápiz, use un borrador moldeable para limpiarlas. Al final, emplee un HB y un 2B con la punta afilada para añadir los últimos detalles.

Desayuno dominical

Cuando siga los pasos que se indican a continuación, consulte los recuadros detallados de las páginas 102 y 103 para ver mejor las luces y los trazos individuales del lápiz.

Paso 1 Empleé la punta de un lápiz HB para encajar las figuras generales. Después, dibujé los contornos de cada uno de los elementos de la composición mediante unas líneas muy suaves. Para este paso, me tomé mi tiempo y contrasté a menudo mi dibujo con los objetos a fin de asegurarme de que las proporciones estuviesen bien. Solo dibujé unas cuantas líneas para los pliegues de la tela a fin de situarlos, ya que estas formas se desarrollan después mediante el sombreado.

Paso 2 Cuando me satisficieron las figuras básicas contorneadas, comencé a desarrollar sus formas mediante varias técnicas (*véase* página 24). Comencé con un lápiz HB para los valores claros y, después, me pasé a un 2B y a un 4B para los énfasis más oscuros. En lugar de ir disponiendo y desarrollando los valores de toda la composición a la vez, me centré en las distintas zonas una por una. De este modo, evité que me confundieran todos los detalles de la escena en su conjunto.

Paso 3 Tras sombrear todos los objetos, me dispuse a rematar el dibujo; para ello, empleé un borrador moldeable con el que saqué las luces y usé un 2B y un 4B afilados a fin de oscurecer las zonas acentuadas.

REFLEJOS Y ENCAJE

La brillante superficie de una jarrita de plata muy pulida para la leche es perfecta para aprender a representar superficies reflectantes. Para este ejercicio, use un papel brístol liso, lápices HB y 2B y un borrador moldeable con forma de punta. Comience por dibujar ligeramente las figuras básicas del huevo y de la jarrita.

A menudo podrá encontrar objetos para sus bodegones en los lugares más insospechados. Si combina objetos sin relación aparente, tal vez se sorprenda al ver cómo conforman un atractivo bodegón.

Paso 1 Comience por encajar ligeramente las figuras básicas del huevo y de la jarrita. No pase al siguiente paso hasta que esté conforme con las figuras y la composición.

Paso 2 Una vez que los dos elementos centrales estén en su lugar, delimite el área para el encaje y aplique un ligero sombreado a la superficie de la mesa. A continuación, represente el reflejo del encaje y del huevo en la superficie de la jarrita. Comience por sombrear ligeramente sus superficies interiores y exteriores; al hacerlo, tenga en cuenta que el interior no es tan brillante. Después, comience a sombrear un poco la cáscara del huevo.

Paso 3 En este paso, suavice el sombreado del huevo y de la jarrita con un difumino. Luego, estudie cómo los agujeros del encaje cambian donde este se arruga para aplanarse después. Comience a dibujar el encaje mediante uno de los métodos que se describen en la página siguiente.

Paso 4 En este último dibujo, preste especial atención a las imágenes reflejadas, ya que son fundamentales a la hora de representar bien los objetos. Observe que la posición del huevo en el reflejo es completamente diferente de la que tiene de verdad en la mesa, ya que lo que se ve en el reflejo es la parte posterior del huevo.

BLUME

Título original *The Art of Drawing. Exercise Book*

Concepto FahnenBerg GmbH | www.fahnenberg.ch
Diseño Petra Theilfarth, primustype Hurler GmbH, Notzingen
Fotografía de portada frechverlag GmbH, 70499 Stuttgart;
Fotostudio Ullrich & Co., Renningen
Fotografías interiores Walter Foster Publishing, Inc.
Traducción Antøn Antøn
Revisión de la edición en lengua española
Pere Fradera Barceló
Profesor, Escola Massana, Barcelona
Coordinación de la edición en lengua española
Cristina Rodríguez Fischer

Primera edición en lengua española 2021
Reimpresión 2022, 2024, 2025

© 2021 Naturart, S.A. Editado por BLUME
Carrer de les Alberes, 52, 2.º, Vallvidrera
08017 Barcelona
Tel. 93 205 40 00 e-mail: info@blume.net
© 2020 Quarto Publishing Inc, Londres
© 2012 frechverlag GmbH, Stuttgart

© Walter Foster Publishing, Inc. de las siguientes obras
Páginas 1, 2, 3, 8-9, 12-17, 32, 33 superior, 34-35, 38-45, 46-47, 64-67, 100-109, 112 y portada
(rosa, árbol, gran danés); contraportada (coche, fresa), solapa delantera (Monument Valley)
y solapa posterior (canguro) © 1989, 2001, 2003, 2004, 2005, 2009 William F. Powell
Página 4 © 2004, 2008 Walter Foster Publishing, Inc.
Páginas 5, 6, 7 © 1997, 2003, 2006 Diane Cardacci
Páginas 10-11, 33 inferior y portada (uvas) © 1999, 2003, 2005, 2009 Michael Butkus
Páginas 18-21, 24-31 © 1997, 2003 Walter Foster Publishing, Inc.
Páginas 22-23, 48-51, 76-77 © 2001, 2003 Walter Foster Publishing, Inc.
Páginas 36-37, 52-53 © 2007 Christopher Speakman
Páginas 54, 55 © 2008 Linda Weil
Páginas 56-57, 60 inferior, 70-71, 72-75 y portada (caballo); © 1989, 1998, 2003, 2005,
2009 Mia Tavonatti
Páginas 58-59, 60-61 © 1989, 1997, 1998, 2003, 2009 Walter T. Foster
Páginas 62-63 © 1950, 1998, 2003 Walter Foster Publishing, Inc.
Páginas 68-69 © 1989, 1997, 2003 Walter Foster Publishing, Inc.
Páginas 78-99 y contraportada (mujer) © 2006, 2007, 2009 Debra Kauffmann Yaun
Páginas 110-111 © 2005 Walter Foster Publishing, Inc. © William F. Powell

ISBN: 978-84-18459-33-7

Impreso en China

WWW. BLUME.NET

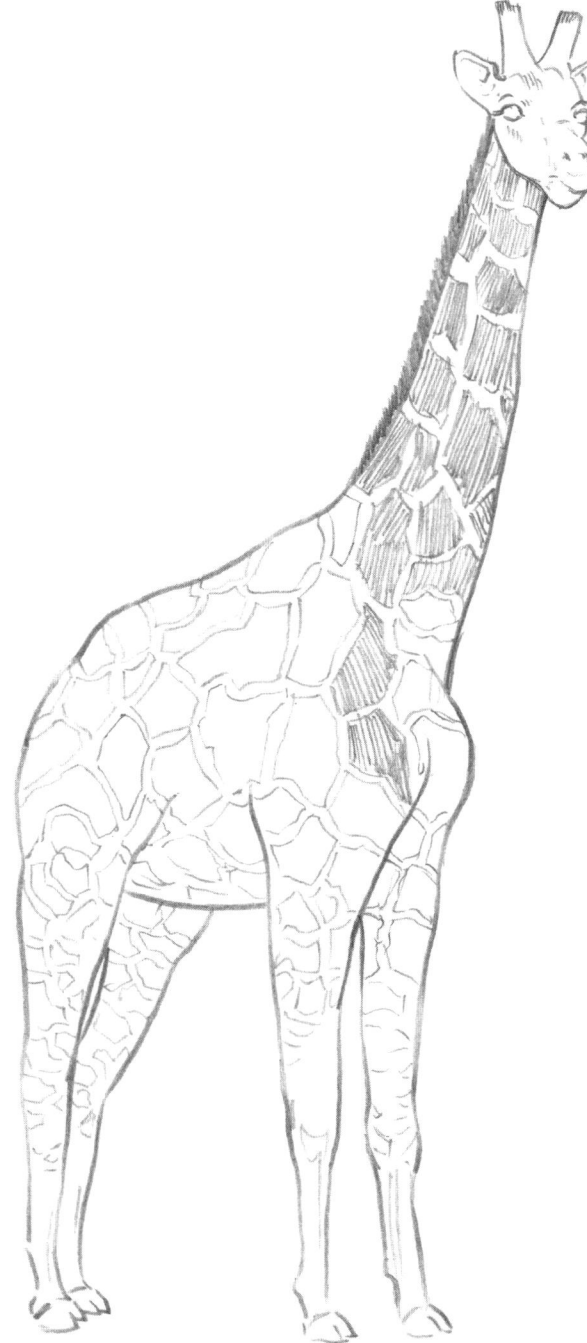